MTV 패턴으로 만드는 REST API

백엔드를 위한
DJANGO
REST
FRAMEWORK
with 파이썬

권태형 저

YoungJin.com Y.
영진닷컴

백엔드를 위한
DJANGO
REST FRAMEWORK
with 파이썬

ISBN : 978-89-314-6619-5

독자님의 의견을 받습니다.
이 책을 구입한 독자님은 영진닷컴의 가장 중요한 비평가이자 조언가입니다. 저희 책의 장점과 문제점이 무엇
인지, 어떤 책이 출판되기를 바라는지, 책을 더욱 알차게 꾸밀 수 있는 아이디어가 있으면 팩스나 이메일, 또는
우편으로 연락주시기 바랍니다. 의견을 주실 때에는 책 제목 및 독자님의 성함과 연락처(전화번호나 이메일)를
꼭 남겨 주시기 바랍니다. 독자님의 의견에 대해 바로 답변을 드리고, 또 독자님의 의견을 다음 책에 충분히
반영하도록 늘 노력하겠습니다.

이메일 : support@youngjin.com
주　소 : (우)08507 서울시 금천구 가산디지털1로 128 STX-V타워 4층 401호 (주)영진닷컴 기획1팀
등　록 : 2007. 4. 27. 제 16–4189호

파본이나 잘못된 도서는 구입하신 곳에서 교환해 드립니다.

STAFF
저자 권태형 | **총괄** 김태경 | **진행** 현진영 | **표지 디자인** 박지은 | **내지 디자인·편집** 김소연
영업 박준용, 임용수, 김도현 | **마케팅** 이승희, 김근주, 조민영, 채승희, 김민지, 임해나, 김도연, 이다은
제작 황장협 | **인쇄** 예림인쇄

저자의 말

'백엔드를 위한 Django REST Framework with 파이썬'에 오신 것을 환영합니다. 이 책은 Django REST Framework을 활용해 백엔드 API 개발을 할 수 있도록 돕는 책입니다. 책을 다 읽은 독자 분들은 기본적인 Django 사용법부터 Django REST Framework으로 API 서버까지 개발할 수 있게 될 것입니다.

Django는 제가 개발을 처음 시작할 때 공부한 프레임워크입니다. 가장 배우기 쉬운 언어인 파이썬으로 구성되어 있으며, 기본적인 구조가 다 짜여 있어 가장 개발하기 쉬운 웹 개발 프레임워크라고 생각합니다. 그럼에도 처음에는 구조가 낯설어 몇 번이고 반복해서 예제 프로젝트를 만들었던 기억이 납니다.

Django를 공부하여 어느 정도 웹 개발을 할 수 있겠다 생각이 들고 해커톤과 같은 대회에 나갔을 때 역할이 애매하다는 느낌을 받았습니다. Django는 풀스택 프레임워크로, 웹의 보여지는 영역부터 데이터 처리 및 기능 구현까지 하나의 코드 베이스에서 완성할 수 있습니다. 따라서 협업을 할 때 하나의 코드 베이스를 건드려야 하기에 여러 명이 작업하기엔 불편했습니다. 또한 보여지는 영역은 간단한 HTML이 전부라서 역할을 나누기에도 애매했습니다. 그때 실제 프로젝트에서는 보여지는 영역(프론트엔드)과 데이터를 처리하는 영역(백엔드)로 나뉘어 개발을 한다는 것을 배웠습니다. Django를 기반으로 백엔드 API를 개발할 수 있는 도구가 바로 Django REST Framework입니다.

Django REST Framework는 Django를 기반으로 하고 있어 몇 가지 개념만 더 이해한다면 금방 배울 수 있는 도구입니다. 배포도 어렵지 않기 때문에 초심자들이 첫 백엔드 프레임워크로 배우기에 적절하다고 생각됩니다.

제가 생각하는 이 책의 목표는 독자 여러분들이 백엔드, API 서버 개발에 대한 개념을 이해하는 것입니다. 이를 통해 해커톤이나 공모전과 같이 다른 프론트엔드 개발자들과 협업할 수 있는 기회에서 자신 있게 백엔드 개발자로 활동할 수 있다면 이 책은 그 역할을 다 했다고 생각합니다. 이에 실제 현업에서 개발하는 수준에는 못 미치지만, 초심자들이 충분히 이해할 수 있도록 쉬운 설명으로 책을 집필해보았습니다.

마지막으로 "책을 쓰게 된 것이 너무 자랑스럽다"며 많은 응원과 관심을 준 사랑하는 우리 가족, "일과 병행하는 모습이 멋지다"는 칭찬을 해주신 직장 동료들, 그리고 내가 책을 써도 될까 싶은 생각에 자존감이 흔들릴 때 옆에서 "잘하고 있다"며 응원해준 열음에게 감사의 뜻을 전합니다.

권태형

목차

Chapter 7
그 외 도움되는 여러 내용

소스 코드 다운로드 방법

이 책의 학습에 필요한 예제 파일 및 전체 소스코드는 저자의 깃허브 링크에서 내려받을 수 있습니다. 깃허브 링크 https://github.com/TaeBbong/drf_for_backend에 들어가서 Download ZIP버튼을 클릭해 압축파일을 내려받거나 git clone 명령어를 활용해서 리포지토리를 내려받을 수 있습니다.

❶ GitHub에서 다운로드

❷ git clone 명령어로 다운로드

Chapter 1

웹 & 파이썬 기초

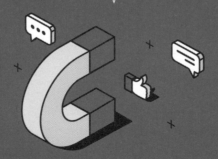

1.1 웹 개발 기초 개념

이번 챕터에서는 본격적인 웹 개발에 앞서 알아두면 좋을 기초 개념을 먼저 공부하겠습니다.

1.1.1 웹 개발이란

우리는 웹의 시대에 살고 있다고 해도 무방합니다. 다양한 서비스가 웹 형태로 구현되어 우리는 주소창에 웹 주소를 입력하는 것만으로 그 서비스들을 쉽게 이용할 수 있습니다. 요즘에는 각 기기의 화면 크기에 맞춰 알아서 조정되는 반응형 웹은 기본이고, 다양한 상호작용, 애니메이션 효과 등 사용자들의 이용 경험을 향상시키기 위한 다양한 시도가 있습니다. (추후에 설명하겠지만) 이처럼 최근 진행되는 웹 프로젝트는 대부분 프론트엔드Front-end에 더 중점을 두고 있습니다. 이로 인해 기존 백엔드Back-end에 템플릿만 붙이던 예전과 달리 프론트엔드와 백엔드의 구분이 아주 명확해지면서 각 포지션의 역할이 뚜렷해진 느낌을 받을 수 있습니다.

요즘 웹은 다음과 같은 구조로 만들어집니다. 프론트엔드에서는 각종 기능들을 구현합니다. 여기서 말하는 기능은 데이터 처리에 대한 기능을 제외한 거의 대부분의 기능을 말합니다. 좋아요를 누르거나, 이미지 위에 커서를 가져다 놓으면 이미지에 대한 정보가 나오며 돋보기 기능이 활성화되거나, 이미지나 텍스트 등을 편집하거나 하는 등 사용자와 상호작용할 수 있는 다양한 기능들을 프론트엔드에서 구현합니다. 퍼블리셔가 따로 없는 경우 프론트엔드에서 웹 페이지 구조를 작성하고 디자인까지 진행하기도 합니다.

백엔드에서는 데이터 처리에 관한 모든 기능을 수행합니다. 백엔드는 데이터베이스와 연동되어 저장된 데이터를 찾아주거나 수정, 삭제할 수 있는 기능을 가집니다. 로그인/회원가입에 대한 요청을 받아 처리하거나, 게시판에 글을 작성하고, 내 피드에 글들을 나타나게 하는 작업 등의 기능을 백엔드에서 수행하게 되는 것입니다.

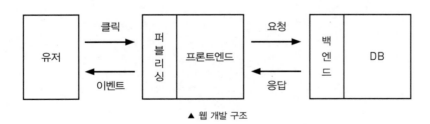

▲ 웹 개발 구조

이렇게 먼 듯 가까운 프론트엔드와 백엔드는 일정한 규칙을 가지고 데이터를 주고 받습니다. 프론트엔드는 사용자와 직접 맞닿아 있으며 사용자에게 화면을 보여주고 무언가 행동을 하도록 유도합니다. 이 작업을 위해 백엔드로부터 적절한 데이터를 받아와야 하기에, 프론트엔드가 백엔드에게 직접 데이터를 요청합니다. 요청을 받은 백엔드는 프론트엔드에게 해당 요청에 맞는 응답을 하게 됩니다. 응답의 결과로는 프론트엔드가 필요로 했던 데이터일 수도 있고, 에러 메시지일 수도 있겠죠.

사용자 입장에서는 웹 페이지에서 버튼을 누르거나 무언가를 입력하며 그에 대한 결과를 바로바로 받고 실제로 그 행동에 대한 결과가 갱신된 것으로 받아들이게 되는데, 이는 프론트엔드와 백엔드가 긴밀하게 소통하고 있었기 때문에 가능했던 일입니다!

조금 신나게 떠들었는데 여기까지의 내용 중에 처음 보는 단어들이 있나요? 그래도 괜찮습니다. 이후의 내용에서 하나씩 천천히 살펴볼 예정입니다.

1.1.2 프론트엔드와 백엔드

앞의 내용에서 프론트엔드와 백엔드라는 단어가 참 많이 나왔습니다. 대략적으로 프론트엔드와 백엔드에 대해서 설명하였지만 좀 더 자세히 이해할 필요가 있겠습니다.

우선 프론트엔드부터 살펴보겠습니다. 프론트엔드는 사용자가 접하고 경험하는 **웹의 보이는 부분**이라고 정의할 수 있습니다.

프론트엔드에서는 우선 기본적으로 웹 페이지가 구성되는 것과 관련된 다양한 작업들을 다루게 됩니다. 이 과정에서 웹 페이지의 기본 뼈대가 되는 HTML, 꾸미기에 사용하는 CSS, 웹 페이지에서 여러 가지 동작을 할 수 있도록 도와주는 Javascript까지가 웹 프론트엔드의 아주 기본적인 구성 요소입니다. 워낙 역사가 깊은 도구들인만큼 응용 버전의 도구들도 많이 있습니다. HTML을 더 편하게 만들기 위한 템플릿 도구들도 있고, CSS를 일일이 만들기 힘들어 Bootstrap과 같은 CSS 프레임워크들도 만들어졌습니다. 프로젝트 구조를 관리하기 쉽게 만들고 여러 가지 기본 기능이 구현된 React.js, Vue.js와 같은 프레임워크들은 자세히는 몰라도 한 번쯤 들어보았을 유명한 Javascript 기반 프레임워크입니다.

React   Vue   Angular

▲ 3대 프론트 프레임워크

이전의 정적인 웹 페이지 개발과 달리 최근의 프론트엔드 개발은 사용자의 서비스 이용 경험을 향상시키는 것까지 개발의 범위에 포함하고 있습니다. 페이지가 로드되는 시간을 최소화 하기 위한 고민들이나, 다양한 애니메이션, 여기에 기존에 있던 웹 페이지 디자인 및 구성 등에 대한 내용이 들어가면서 프론트엔드는 정말 많은 걸 다룹니다. 그만큼 기술적으로 발전이 빠르다고도 해석할 수 있으며, 새 도구를 익힌지 1년이 채 지나지 않아 다시 새로운 도구가 나타나고 대세가 되는 등 개발자들에게는 참 피곤한 분야가 아닐 수 없습니다. 최신 트렌드에 발맞춰 공부해야 하는, 사용자와 가장 가까운 개발 분야가 바로 프론트엔드 개발입니다.

백엔드는 오직 데이터에 집중하여 이른바 **보이지 않는 영역**에서 이뤄지는 일들을 구현하게 됩니다. 우리가 웹 페이지에서 게시글들을 불러오거나 로그인을 하게 되면 항상 그 결과만 보게 되지, 내부적으로 어떤 데이터를 참조해서 가져오게 되는지는 볼 수 없습니다. 백엔드는 데이터베이스와 연동되는데, 데이터베이스를 설계하고 설계된 데이터베이스를 바탕으로 데이터를 생성, 수정, 삭제, 조회 등의 기능을 구현하고 다루는 것이 백엔드의 아주 주요한 역할입니다. 그렇다보니 범위 자체는 좁다고 보일 수 있지만, 효율적인 데이터베이스 설계와 데이터를 빠르게 가져올 수 있도록 기능을 만드는 것, 더 나아가서는 서비스에 장애가 발생하지 않도록 안정적인 백엔드를 만드는 것이 백엔드 개발자들의 어려움이자 중요한 업무라고 할 수 있습니다. 그래도 프론트엔드에 비해 비교적 기술의 변화 속도가 느리기 때문에 기본기만 잘 갖춰 놓으면 새로운 도구를 쓰게 되더라도 금방 적응할 수 있습니다.

▲ 백엔드 프레임워크

풀스택Full-stack이라고 하는 용어도 있는데, 프론트엔드와 백엔드를 둘 다 포함하는 전체를 일컫는 단어입니다. 풀스택 개발자는 전설 속의 동물이라고 하는 유머가 있을 만큼 두 분야를 통달하는 것은 참 어려운 일입니다. 하지만 프론트엔드나 백엔드 각각 쉽게 개발할 수 있도록 만들어진 여러 도구와 서비스들이 꽤 많기 때문에 이를 적절히 잘 활용할 수 있다면 개인 개발자가 서비스 하나를 프론트엔드부터 백엔드까지 만드는게 어려운 일이 아닐 수 있습니다.

▲ 전설의 동물 풀스택 개발자

지금까지 꽤 상세하게 프론트엔드와 백엔드에 대해 알아보았습니다. 이제는 각각이 무엇을 하는 것인지 알 것 같습니다. 그런데 결국 웹 서비스라는 것은 프론트엔드와 백엔드가 더해진 것입니다. 어쨌든 개발자들이 편의를 위해 각각 프론트엔드와 백엔드로 파트를 나눠 만든다고는 하지만 이를 어떻게 합칠 수 있을까요? 좀 더 기능적으로 보면, 어떻게 프론트엔드가 백엔드로부터 데이터를 넘겨 받아서 사용자에게 보여줄 수 있을까요? 다음 장에서 이 둘이 어떻게 연락을 주고 받는지 알아보도록 하겠습니다.

1.1.3 REST API란

API는 Application Program Interface의 약자입니다. API에 대한 정의는 이미 여러 책들과 블로그들에 잘 다뤄져 있고 정말 다양하게 설명하고 있습니다. 사실 정의만 놓고보면 이해하기 꽤 어렵습니다. 응용프로그램, 인터페이스와 같이 낯선 단어들을 이해하고 이들이 어떻게 연결되어 있다는 것인지 알아야 하기 때문입니다. 정확한 정의와 의미에 대해 이해하는 것보다 필요한 만큼만 이해하고 개발하는 것이 더 중요하다는 생각이라서 최대한 쉽고 간단하게 그림을 통해 설명해 보겠습니다.

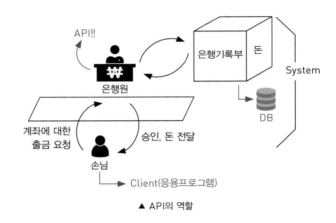

▲ API의 역할

우리가 갑자기 현금이 필요하다고 생각해 봅시다. 돈은 내 계좌에 들어 있을텐데, 계좌에 있다고 해서 제가 은행 금고에서 직접 돈을 꺼낼 수는 없습니다. ATM 기기 또는 직원을 통해 돈을 뽑고 싶다는 요청을 하겠죠. 직원은 우리의 요청을 듣고 은행이 관리하는 장부에 기록을 하고, 계좌에 담긴 내 잔고를 차감시킨 후 금고에서 돈을 꺼내줄 겁니다. 여기까지의 내용이 API라는 것의 전부입니다.

은행은 돈을 관리하는 하나의 거대한 시스템입니다. 그리고 우리는 그런 시스템을 이용하는 고객(클라이언트)이며 시스템의 자원인 돈을 사용하고 싶어합니다. 고객과 시스템 사이를 연결해 주는 창구가 바로 은행원(API)인 것입니다. 은행원은 고객이 은행의 돈, 서비스 등을 이용할 수 있도록 도와주는 창구라고도 할 수 있습니다. 따라서 우리는 은행원 덕분에, 복잡하게 숨겨진 은행의 금고에서 직접 돈을 꺼내지 않아도 되고, 은행이 제공해 주는 다양한 상품 서비스 또한 간편하게 누릴 수 있습니다.

결국 어떤 프로그램들은 시스템의 기능, 자원, 서비스를 사용하고 싶어하며, 해당 시스템이 만들어놓은 서비스 창구를 API라고 할 수 있겠습니다. 어떤 모바일 게임이 카카오톡으로 로그인을 할 수 있도록 해놓았다면, 그 모바일 게임은 카카오톡이라는 시스템의 로그인 기능을 사용하기 위해 카카오톡이 만들어놓은 로그인 API를 사용한 것입니다.

다음으로 다룰 내용은 REST입니다. REST는 Representational State Transfer의 약자입니다. 이건 앞서 배웠던 API보다 훨씬 어려운 단어들로 구성되어있군요! 마찬가지로 실제 정의보다는 조금 더 쉬운 설명으로 간단히 이해해 보도록 하겠습니다.

시스템에는 데이터와 같은 여러 귀중한 자원들이 있습니다. 이 자원들을 활용하고 싶은 여러 응용 프로그램들이 있을 것이고, 따라서 시스템은 이러한 자원들을 필요로 하는 응용 프로그램들에게 줄 수 있어야 합니다. 마치 창고에 쌓인 물건들을 나눠서 배송하는 택배 물류 창고와 같은 느낌인데, 그렇다면 창고 주인의 입장에서 물건을 어떻게 정리해놓으면 택배 기사님들이 물건을 잘 꺼내갈 수 있을까요?

아주 간단하게도 물건들의 이름으로 싹 정리해놓으면 됩니다! 택배 기사님이 찾고자 하는 물건의 이름을 알고 있으니, 우리가 창고의 물건들 앞에 이름을 크게 잘 써놓으면 물건을 잘 찾을 수 있지 않을까요? (물론 실제 창고에서 그 많은 물건들을 이렇게 정리하지는 않을 것입니다) 이처럼 자원을 이름 등으로 구분해서 해당 자원에 대한 여러 정보를 주고 받는 것 자체를 우리는 REST라고 이해할 수 있습니다.

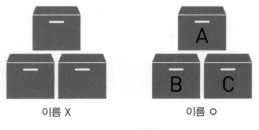

이름 X   이름 O

▲ REST의 역할

이제 우리는 REST API를 정의할 수 있습니다. REST API는 자원을 이름으로 구분해서 표현해놓고, 그 자원들을 주고 받도록 만들어놓은 시스템의 창구라고 정의할 수 있겠습니다. 좀 더 쉽게 접근하자면, 응용 프로그램이 시스템에 있는 자원(데이터)을 쉽게 사용하기 위해 시스템이 각 자원에 이름을 붙여서 정리해놓은 것이라고도 이해할 수 있겠습니다.

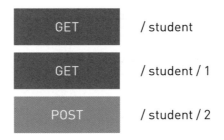

GET   / student

GET   / student / 1

POST   / student / 2

▲ REST API의 예시, CRUD, http 설명

프론트엔드와 백엔드를 얘기하다가 왜 갑자기 REST API를 길게 알아보았을까요? 그 이유는 앞서 말한 프론트엔드와 백엔드가 데이터를 주고 받기 위한 아주 대표적인 방법 중 하나가 바로 REST API이기 때문입니다! 그렇다면 앞서 REST API를 설명하면서 나왔던 응용 프로그램과 시스템은 각각 어디와 매칭될까요? 앞선 내용을 잘 읽어봤다면 쉽겠지만, 프론트엔드가 응용 프로그램에 매칭되고 백엔드가 시스템에 매칭됩니다. 왜냐면 백엔드가 데이터를 저장, 보관, 처리하고 프론트엔드는 백엔드의 데이터를 필요로 하기 때문입니다. 우리는 앞으로 백엔드 시스템을 개발할 것입니다. 그 말은 프론트엔드에서 만들어질 응용 프로그램이 우리 시스템의 데이터에 접근하고 싶어한다는 것이고, 우리는 그러한 요청에 대해 쉽게 데이터를 제공하도록 하는 기능(API)을 잘(REST하게) 만들어야 한다는 것입니다. 이제 왜 우리가 REST API를 공부했는지 알게 되었습니다. 바로 우리가 해야 할 일이었기 때문입니다! 만약 아직 REST라는게 뭔지, API라는게 뭔지 잘 이해가 가지 않았더라도 너무 상심할 필요 없습니다. 앞으로 함께 실습을 하다보면 자연스레 이해될 것입니다.

1.1.4 JSON

앞선 내용들에 비하면 JSON^{JavaScript Object Notation}은 아주 간단합니다. REST API는 프론트엔드에게 데이터를 제공하기 위한 백엔드 시스템에 있는 창구입니다. 결국 복잡하게 생각할 필요 없이 데이터를 주고 받겠다는 것인데, 데이터를 어떤 양식에 맞춰 보내겠다고 약속하지 않으면 서로 불편하지 않을까요? 어느 쪽에서는 데이터를 한글 파일에 적어서 보내주고, 어느 쪽에서는 데이터를 PPT 파일로 보내주면 양쪽은 사이가 그렇게 좋아지지 않을 것 같습니다. JSON은 양측 모두 잘 알고 있고 흔히 쓰이는 유명한 양식 중에 하나입니다.

```
{
  id : 'abc',
  age : 3
  photo : 'image.png'
}
```

▲ JSON 예시

앞에 있는 JSON 데이터의 예시를 살펴보았습니다. 정말 간단하게도 이게 무슨 데이터인지에 대한 이름과 해당하는 데이터가 :으로 구분되어 정리되었습니다. 누구라도 알아보기 쉬운 좋은 양식인 것 같습니다. 우리는 (계속 말했다시피) 앞으로 REST API를 만들텐데, 데이터를 전달할 때에는 JSON이라는 양식을 따라보도록 하겠습니다.

1.2 데이터베이스와 쿼리

백엔드 개발에서 가장 중요한 데이터베이스^{Database}와 쿼리^{Query}에 대해 간단히 알아보겠습니다.

1.2.1 관계형 데이터베이스

이제는 백엔드 개발자가 되기 위해 알아야 하는 가장 중요한 내용입니다. 바로 데이터베이스인데, 데이터베이스는 간단하게 데이터들이 모여져 있는 집합이라고 생각할 수 있습니다. 데이터베이스라는 분야를 제대로 다루려면 이 책보다 두꺼운 책 내내 데이터베이스를 다뤄야 합니다. 우리는 백엔드 개발을 시작하는 입장에서 아주 필요한 내용만 간단하게 배워보도록 하겠습니다.

데이터베이스는 데이터들이 모여있는 큰 창고로 생각하면 됩니다. 창고 안에서 데이터를 구분해놓고 정리하기 위해 더 작은 단위인 테이블이라는 것이 있습니다. 그럼 테이블에 대해 알아보겠습니다.

▲ 관계형 데이터베이스 예시

위와 같은 형태의 데이터들이 있습니다. 딱히 낯설지 않은 구조인 것이, 우리가 흔히 데이터를 표현하는 표 형태로 나타나있기 때문입니다. 데이터베이스에도 수많은 형태가 있고 다양한 기술이 있지만, 가장 대중적이고 많이 쓰이는 데이터베이스의 형태는 위와 같은 표 형태입니다. 표는 영어로 테이블이고, 따라서 우리는 위와 같은 데이터들의 모음을 테이블이라고 불러보겠습니다.

테이블에는 가로줄과 세로줄이 있습니다. 세로줄, 즉 최상단의 내용들을 보면 어떤 데이터인지 나와있습니다. 위 예시에서는 id, name, phone, score 등이 있네요. 위와 같은 것들을 속성^{attribute}, Column이라고 합니다. 가로줄도 살펴보겠습니다. 가로줄에는 위의 속성값들이 종류별로 하나씩 있습니다. 표 형태이니 당연한 일입니다. 이렇게 테이블에서 각 속성에 대한 값이 모여져있는 데이터의 한 단위를 레

코드^{Record} 혹은 튜플^{Tuple}, Row라고 합니다. 가로줄과 세로줄을 부르는 표현은 다양하지만, 우리는 Column과 Row라고 부르도록 하겠습니다. 데이터베이스의 테이블은 위와 같이 Column과 Row로 구성되어 있습니다.

1.2.2 테이블의 키

다음으로 필요한 개념은 키^{Key}입니다. 키는 열쇠라는 뜻을 갖고 있긴 하지만 여기서는 데이터들 간 중복되지 않는 고유한 값이라는 뜻으로 사용됩니다. 데이터들끼리 중복되는 값들이 꽤 있을 것입니다. 아까 본 테이블에서도 어쩌면 사람들끼리 이름이 같을 수 있고, 점수가 같을 수 있습니다. 만약 우리가 이 테이블에서 특정 사람에 대한 데이터를 찾아서 보고 싶다면 점수나 이름으로 찾기엔 어려울 것입니다. 중복이 있으면 누구를 찾으려 하는지 모르기 때문입니다. 따라서 우리는 그 데이터가 가진 고유한 값인 키로 데이터를 찾아야 합니다. 그 값은 예시로 든 테이블에서는 id나 phone이 될 것입니다. 중복이 되지 않도록 갖고 있는 컬럼 값을 우리는 키로 사용하게 됩니다. 만약 한 가지 컬럼 값으로 모든 데이터들이 중복을 피할 수 없다면 옆의 컬럼까지 더해서 키로 사용할 수 있습니다. 만약 phone과 id가 둘 다 같은 사람이 없다면 id + phone을 키로 사용할 수 있습니다. 키에 대한 내용은 데이터베이스에서 상당히 중요한 부분이며 여러 가지 개념이 포함됩니다. 앞서 말했듯 우리는 핵심만 간단히 보고 넘어갈 예정이기 때문에 여기까지만 설명하도록 하겠습니다.

1.2.3 쿼리

마지막으로 데이터베이스에 관련되어 배울 내용은 쿼리입니다. 쿼리는 질의라는 뜻을 갖고 있는데, 말 그대로 데이터베이스에게 물어보는 문장을 뜻합니다. 우리는 데이터베이스에 저장된 데이터를 찾거나 편집하기 위해서 데이터베이스에게 질문을 할 것입니다. "어느 테이블에 저장된 데이터들 중에서 이름이 000인 데이터를 찾아줘"라던가 "데이터들 중에 성적이 80점 이상인 사람들을 알려줘" 등이 될 것입니다. 혹은 "핸드폰 번호가 010-1234-5678인 사람의 핸드폰 번호를 010-8765-4321로 바꿔줘" 등의 수정 요청도 할 수 있습니다. 이러한 요청의 종류는 크게 조회, 수정, 생성, 삭제로 구분할 수 있는데, 이것이 우리가 만들 REST API의 4가지 요소인 CRUD가 될 것입니다. 자세한 내용은 나중에 직접 만들며 살펴보고 우선은 여기까지만 공부하고 넘어가겠습니다.

1.3 파이썬 기초

Django에서 사용되는 언어인 파이썬^{Python}에 대해 알아보겠습니다.

1.3.1 시작하기 가장 좋은 언어, 파이썬

파이썬은 우리가 앞으로 배울 Django & DRF의 기반이 되는 언어입니다. 대부분의 독자분들이 파이썬에 대해 이미 알고 있거나 들은 경험이 있을텐데, 그만큼 파이썬은 대중적으로 사랑받는 언어입니다.

파이썬이 인기있는 가장 큰 이유는 난이도가 비교적 쉽고 활용 가능한 분야가 많기 때문입니다. 파이썬은 기존에 널리 쓰이던 C언어나 Java보다 훨씬 간단한 문법을 자랑합니다. 그런 언어들과의 큰 차이점 중 하나는 변수의 타입을 지정하지 않아도 된다는 점입니다. 나중에 변수를 다룰 때 얘기하겠지만, 파이썬은 자동으로 타입을 지정해 주는 특징을 갖고 있기 때문에 좀 더 간단히 스크립트를 작성할 수 있습니다. 그 외에도 다양한 문법이 다른 언어 대비 간단하고 쉬우며, 잘하는 경지에 오르는 것은 어려울 수 있어도 시작할 때 파이썬만큼 쉬운 언어는 없다는 평가를 많이 받고 있습니다.

또한 그런 쉬운 난이도와 더불어 파이썬은 다양한 분야에 널리 쓰이고 있습니다. 쉽고 인기 있는 언어인 만큼 다양한 분야에서 사용되며 우리가 앞으로 배울 Django를 비롯한 웹 개발 분야, 딥러닝/머신러닝 분야, 영상처리 분야 등에서 특히 인기 있는 언어입니다. 따라서 파이썬을 배워놓으면 다양한 분야에서, 취미 혹은 전문적인 작업에서까지 활용할 수 있기 때문에 모든 분들께 강력히 추천하는 언어입니다.

지금부터는 파이썬 및 프로그래밍 언어 기초에 대해 공부해 보겠습니다. 파이썬 혹은 프로그래밍 언어에 익숙하다면 바로 2장으로 넘어가도 무방합니다.

1.3.2 파이썬 설치(윈도우/맥)

우리가 이용할 파이썬 버전은 3.10.1 입니다. 가장 최신 버전이지만 안정화되어 정식 버전으로 출시되었고, 몇 가지 버그가 수정되고 타입 힌팅과 같은 기능이 정식으로 추가되어 이후 이용이 편할 것 같아 선택하였습니다. 이전 버전을 사용해도 무방하겠지만, 최소 3.8 이상의 버전을 설치할 것을 권장합니다. 파이썬은 https://www.python.org/downloads/에서 다운로드할 수 있습니다. 각자의 운영체제에 맞는 설치 파일을 받으면 됩니다.

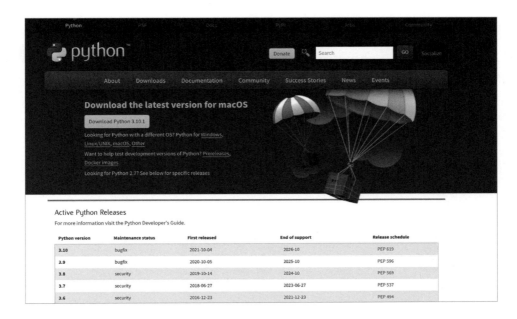

이때 운영체제마다 설치하는 방법이 조금씩 다릅니다. 각각의 설치 방법에 대해 알아보겠습니다.

윈도우

윈도우용 파이썬 설치 파일을 다운로드했다면, 파일을 실행합니다.

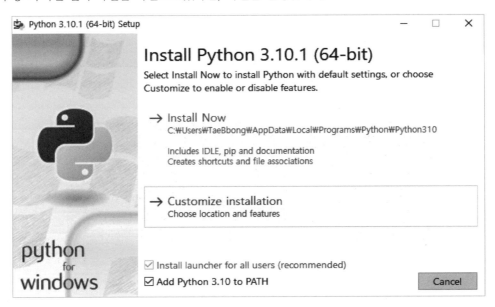

이때 Add Python 3.10 to PATH 옵션을 꼭 선택해야 합니다. 이는 우리가 어느 경로에서든 파이썬을 실행할 수 있도록 해주며, 여기서 체크를 안하고 설치하면 따로 설정해줘야 하기 때문에 불편합니다.

이 옵션만 선택한 후에 Install Now를 선택합니다.

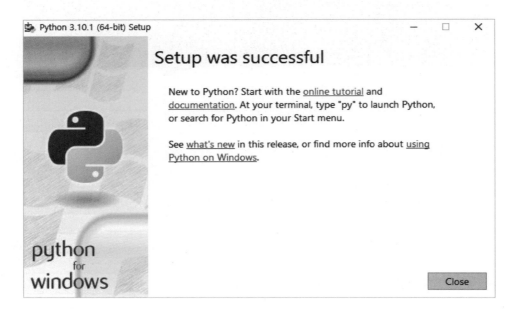

설치가 쭉 진행되며, 완료까지 잘 되는 것을 볼 수 있습니다. 이제 윈도우 키를 누르고 cmd를 입력하여 터미널을 실행시키겠습니다. 여기서 python 혹은 python3를 입력하면 다음과 같이 잘 실행되는 것을 볼 수 있습니다.

맥

맥에서도 간단히 설치할 수 있습니다. 사실 맥에는 파이썬 2.X 버전이 기본으로 설치되어 있습니다. 하지만 우리는 3.10 버전을 사용할 예정이기 때문에, 새로 다운받아 설치를 진행해야 합니다.

맥용 파이썬 설치파일을 다운받았다면, 설치파일을 실행합니다. 전부 다음 혹은 동의를 눌러 쭉 넘어가면 설치가 완료됩니다.

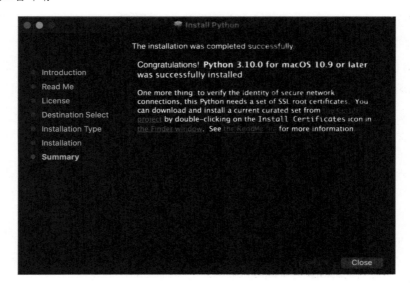

이제 터미널을 열어 python3를 실행하면 다음과 같이 잘 실행되는 것을 볼 수 있습니다.

1.3.3 변수 & 자료형

프로그래밍 언어 공부의 시작점은 변수입니다. 변수란 말을 풀어보면 변하는 수라는 뜻입니다. 이는 초, 중학교 수학시간에서 이미 배운 개념입니다. x + y = 10이라는 수식이 있을 때 x와 y는 그 값이 변할 수 있습니다. 이처럼 수식에서 변할 수 있는 값을 변수라고 부르는데, 프로그래밍 언어에서의 변수도 동일할까요? 네, 동일하다고 볼 수 있습니다. 프로그래밍 언어에서 변수는 데이터를 담을 수 있는 그릇을 뜻합니다. 이 데이터는 변할 수 있기 때문에 앞서 배운 변수의 개념과 동일합니다.

변수는 프로그래밍에서 연산이나 처리를 하기 위한 기본 단위라고 볼 수 있습니다. 결국 우리가 프로그래밍 언어로 하고 싶은 것은 사용자가 입력한 데이터를 바탕으로 컴퓨터가 내가 작성해놓은 로직을 연산하여 결과값을 도출하게 하는 것입니다. 즉 우리가 프로그래밍 언어로 만드는 프로그램을 어떤 멋진 계산기라고 했을 때, 계산기는 어떤 값이 들어오든 정확한 계산 결과를 내놓아야 합니다. 만약 계산기가 1 + 2와 같은 정해진 값만 연산할 수 있다면 계산기로써 가치가 없을 것입니다. 1 + 2가 들어오든, 25 + 34가 들어오든 정확히 계산할 수 있도록 하는 것이 프로그래밍의 목표이기에, 우리는 1 + 2와 같은 수식 대신 x + y라는 수식을 작성하여 프로그래밍을 하는 것입니다. 이렇게 하면 x와 y자리에 어떤 값이 들어오더라도 연산할 수 있게 됩니다.

기초 설명을 조금 오래했으니 파이썬으로 돌아오겠습니다. 파이썬에서 변수는 다음과 같이 선언할 수 있습니다.

```
message = "hello"
num1 = 7
num2 = 3.5
```

이렇게 변수는 이름을 우리 마음대로 지을 수 있고, 원하는 값을 저장할 수 있습니다. 이때 파이썬은 다른 언어와 달리 자료형을 지정하지 않아도 됩니다. 자료형이란 데이터의 모양을 말하며 위의 예시와 같이 문자열, 정수, 실수 등 다양한 형태를 갖고 있습니다. 자료형이 중요한 이유는 컴퓨터가 연산을 할 때 자료형을 기반으로 연산하기 때문입니다. num1과 num2를 덧셈한다면 10.5를 결과로 낸다는 것을 예상할 수 있습니다. 그런데 만약 message와 num1을 더한다면 어떤 값을 내놓을까요? 당연하게도 계산할 수 없습니다. 이처럼 자료형은 연산을 위한 데이터의 모양을 지정하는 것으로, 파이썬에서는 특별히 지정하지 않아도 되지만 자체적으로 해당 값이 어떤 모양인지 판단하여 해당 변수의 자료형을 내부적으로 지정합니다. 덕분에 파이썬 개발자들은 자료형 지정 없이 편하게 개발할 수 있지만, 동시에 자료형을 지정하지 않다보니 해당 변수가 어떤 자료형의 값을 담는 변수인지 헷갈려 실수할 때가 많습니다.

1.3.4 출력 & 입력

앞서 변수에 대해 간단히 알아보았습니다. 변수는 데이터를 담는 그릇인데, 그럼 그릇을 우리가 원하는 데이터로 채우는 방법엔 무엇이 있을까요? 앞서 봤던 예시처럼 변수에 값을 직접 넣어주는 방법도 있고, 입력 기능을 활용해서 넣는 방법도 있을 것입니다. 사용자가 프로그램에 값을 입력하고 그 값을 변수에 담는 방식입니다. 예제를 먼저 확인해 보겠습니다.

```
user_message = input('메시지를 입력하세요 : ')
> 메시지를 입력하세요 :
```

input()이라는 구문을 사용하면 사용자 입력을 받을 수 있습니다. 이렇게 입력된 값은 user_message 변수에 저장됩니다. input 구문에 적은 '메시지를 입력하세요 :'는 사용자 입력을 돕기 위한 안내 문구이며, 당연히 생략해도 잘 동작합니다.

이렇게 입력받은 메시지를 화면에 보여주기 위해서는 출력이라는 방법을 사용할 수 있습니다.

```
print(user_message)
> 안녕하세요!
```

print()는 화면에 결과 값을 나타내기 위한 가장 기본적인 방법입니다. print()에 변수를 넣으면 해당 변수가 담고 있는 데이터 값이 출력된다는 것을 알 수 있습니다. 이런 기본적인 input(), print() 구문을 활용하면 사용자와 상호작용(새로운 데이터를 입력받아 연산하여 출력)하는 프로그램을 개발할 수 있습니다.

1.3.5 조건문 & 반복문

정말 프로그램다운 프로그램을 만드려면 무엇이 필요할까요? 사람이 할 수는 있지만 귀찮거나 오래 걸리고, 복잡한 일을 수행할 수 있는 프로그램이면 분명 좋은 프로그램일 것 같습니다. 조건문과 반복문을 적절히 배워 활용할 수 있다면 대부분의 문제를 해결할 수 있는 프로그램을 개발할 수 있습니다.

조건문은 어떤 조건이 참, 또는 거짓일 때에 따라 다른 동작을 하도록 처리하기 위한 구문입니다. "만약 A라면 a를 하고, 그게 아니라 B라면 b를 해"라는 것이 조건문의 정의입니다. 조건문을 활용하면 다양한 경우의 수를 조합한 프로그램을 개발할 수 있습니다. 예를 들어 가위바위보 게임을 만든다고 가정하겠습니다.

```
user = input("가위/바위/보 중 하나를 내세요. : ")
comp = "바위" # 우리 컴퓨터는 멍청하게 바위만 내도록 만들어보겠습니다.

if user == "가위":
    print("당신이 졌습니다!")
elif user == "바위":
    print("비겼습니다!")
else: # 보
    print("당신이 이겼습니다!")
```

앞서 배운 입력 구문 input()을 활용하여 사용자의 가위바위보 입력을 받았습니다. 우리 컴퓨터는 바위만 낼 수 있다고 가정해 보겠습니다. 이때 가위면 패배, 바위면 무승부, 보면 승리입니다. 3가지 입력의 경우의 수에 따라 각각 결과가 달라지기 때문에 우리는 조건문을 활용했습니다.

조건문의 사용법은 3가지입니다. 먼저 모든 조건문은 반드시 if로 시작합니다. if는 "만약"이라는 뜻으로, 뒤에는 조건이 붙습니다. 해당 조건이 참이라면 하위에 있는 코드를 실행합니다. 이때, 하위라는 범위를 지정해 주기 위해 탭(공백 4칸)을 일정하게 적용합니다. 같은 탭 레벨에 있는 코드들은 같은 범위 내에 있는 코드입니다.

elif는 else if의 축약어로, "그게 아니라 만약"이라는 뜻입니다. 역시 만약이 포함되기 때문에 뒤에는 조건이 붙으며, 해당 조건이 참이라면 마찬가지로 하위에 있는 코드를 실행합니다. 이때 elif는 앞서 사용한 if의 조건을 부정하고 시작하는 조건문이기 때문에 if의 조건을 elif가 포함하고 있다면 조건문이 정상적으로 동작하지 않습니다.

else는 "그게 아니라면"이란 뜻으로, 앞선 모든 조건들을 부정한 나머지 조건을 포함합니다. 따라서 나머지 모든 범위를 포함하기에 else에는 따로 조건을 작성하지 않습니다.

이 흐름에서 보면 알겠지만, if, elif, else 중 하나의 조건에라도 충족되면 나머지 조건은 실행되지 않습니다. 따라서 여러 조건을 동시에 검사하기 위해서는 if를 여러 번 쓰는 등의 방법을 택해야 할 것입니다.

> **NOTE**
>
> 프로그래밍 언어에서 ==는 등호를 의미하며, =는 대입을 의미합니다. 일반적으로 같다는 의미를 작성하기 위해서는 ==를 사용해야 하며, 변수에 데이터를 넣고 싶다면 =를 사용합니다.

다음으로 배울 구문은 반복문입니다. 반복문은 말 그대로 여러 번 반복하기 위한 구문으로, 프로그래밍 언어에서 가장 활용도가 높은 구문 중 하나입니다. 바로 사용 예시부터 작성해 보겠습니다.

```
for i in range(0, 5):
    print("Hello world!")
> Hello world!
> Hello world!
> Hello world!
> Hello world!
> Hello world!
```

위와 같이 반복문을 작성했을 때 5번의 Hello world!가 나오는 것을 볼 수 있습니다. for로 시작하는 문장을 살펴보면 반복문은 for – in 구조로 작성됩니다. for i in range(0, 5)라는 것은 i라는 변수가 0~5라는 범위로 반복한다는 뜻으로 해석할 수 있습니다. 이때 0~5인데 6번이 아닌 5번만 나오는 이유는 마지막 수는 포함되지 않는 이상~미만의 범위이기 때문입니다. 따라서 range(0, 5)는 0, 1, 2, 3, 4를 포함하여 총 5개만큼의 범위입니다.

반복을 하는 중 변수 i의 값은 어떻게 될까요? i도 함께 출력해 보겠습니다.

```
for i in range(0, 5):
    print(i)
> 0
> 1
> 2
> 3
> 4
```

역시 예상대로 0~4가 잘 출력되는 것을 볼 수 있습니다.

for 말고 다른 방법도 있습니다. while이라는 구문을 소개해드리겠습니다.

```
i = 0
while i < 5:
    print("Hello world!")
    i += 1
> Hello world!
> Hello world!
> Hello world!
> Hello world!
> Hello world!
```

해당 코드는 위에서 작성했던 for – in 예제와 동일한 결과를 만드는 코드입니다. while은 조건문을 활용한 반복문으로, while 옆의 조건이 참일 때에만 실행됩니다. 따라서 i는 처음에 0이고, i < 5를 만족하기 때문에 while 내부의 코드가 실행되며, i += 1을 통해 i 값이 1 증가하게 됩니다. 이렇게 쭉 증가하다가 i가 5가 되는 순간, while의 조건에 맞지 않아 반복이 종료되는 구조입니다.

만약 while의 조건이 항상 참이라면 어떻게 될까요?

```
while 1 == 1:
    print("Hello world!")
> Hello world!
> Hello world!
> Hello world!
> Hello world!
> Hello world!
...
...
```

프로그램을 강제종료하기 전까지 계속 반복하는 '무한 루프' 상태에 빠지게 됩니다. 이때 원하는 시점에 반복문을 종료시키기 위해서 break라는 구문을 사용할 수 있습니다.

```
while 1 == 1:
    print("Hello world!")
    break
> Hello world!
```

break 구문을 만나자마자 종료되는 것을 확인할 수 있습니다. break는 for − in 구조에서도 동일하게 사용할 수 있습니다.

1.3.6 자료구조(list, dictionary, tuple)

다음으로 배울 내용은 자료구조입니다. 자료구조란 자료를 저장하는 방식을 의미합니다. 앞서 변수에 데이터(자료)를 담는다, 저장한다고 설명하였는데 이렇게 단일 데이터를 변수에 저장하기도 하지만, 여러 개의 데이터를 적절히 배치하여 하나의 변수에 담기도 합니다. 왜 그런 일을 하는지 사례를 통해 알아보겠습니다.

```
student0_score = 87
student1_score = 90
student2_score = 66
student3_score = 75
...
student19_score = 91

print(student0_score)
...
```

예제는 20명의 학생들의 점수를 출력하기 위한 프로그램입니다. 기존 방식대로라면 20명의 점수를 저장하기 위해서 20개의 변수가 필요합니다. 그러면 20개의 변수를 직접 다 생성한 다음, 출력할 때에도 일일이 각 학생별로 점수를 출력해야 합니다. 지금은 그냥 출력만 하고 있지만 이걸 기반으로 평균을 내거나, 순위를 매기려면 얼마나 많은 코드가 필요할까요? 생각해 보면 간단한 기능이지만 이를 위해 40줄 이상의 코드를 작성해야 하는 것은 너무 비효율적으로 보입니다.

이를 해결하기 위해 자료구조를 도입할 수 있습니다. 자료구조의 예시 중 하나인 리스트를 사용하여 이 문제를 해결해 보겠습니다.

```
student_score = [87, 90, 66, 75, ... 91]
print(student_score[0])
print(student_score[1])
...
```

너무 간단하게 변수 선언을 마쳤습니다! 20명의 점수를 표현하기 위해 리스트를 활용하면 1줄만에 표현할 수 있음을 알 수 있습니다. 그럼 출력이나 계산을 위해서는 어떤 방법이 있을까요? 바로 앞서 배운 반복문을 활용하면 됩니다.

```
student_score = [87, 90, 66, 75, ... 91]
for i in range(len(student_score)): # 0부터 시작하면 0을 생략할 수 있습니다.
    print(student_score[i])
```

이번엔 2줄만에 모든 학생들의 점수를 출력할 수 있게 되었습니다. 여기서 len()은 자료구조의 길이를 알아내는 기능입니다. 이를 활용하여 어떤 자료구조가 들어오더라도 전체 범위를 알아낼 수 있으며, i는 1씩 늘어나는 특징이 있기 때문에 반복문을 통해 쉽게 해결할 수 있습니다.

반복문과 리스트는 또 다른 기능을 갖고 있습니다. 바로 리스트 내 요소를 직접 접근할 수 있는 기능입니다.

```
student_score = [87, 90, 66, 75, ... 91]
for score in student_score:
    print(score)
```

좀 더 간단하게 코드가 변경되었습니다. 리스트와 같은 자료구조는 반복문을 통해 직접 그 자료에 접근하여 순서대로 데이터를 가져올 수 있습니다. 경우에 따라서 i, range()보다 편리하게 사용할 수 있을 것입니다.

자료구조의 필요성에 대해 알았으니 각 자료구조의 특징에 대해 간략히 짚어보겠습니다.

먼저 리스트는 앞서 사용했던 자료구조로 가장 기본적인 형태의 자료구조입니다. 순서가 있고 0번째부터 차례대로 데이터가 저장되는 구조입니다. 리스트와 관련된 주요 기능은 다음과 같습니다.

```
a = [1, 2, 'a', 'bcd', 123]   # []로 표현되며, 다양한 자료형의 데이터를 담을 수 있습니다.
len(a)                        # 리스트의 길이를 알 수 있습니다.
> 5

a.append('new data')          # 새로운 데이터를 추가할 수 있으며, 리스트의 맨 뒤에 추가됩니다.
a
> [1, 2, 'a', 'bcd', 123, 'new data']

nums = [5, 6, 3, 2, 4]
nums[1:3]                     # 1번째 이상, 3번째 미만 범위의 리스트를 출력합니다.
> [6, 3]

nums.sort() # 리스트를 오름차순으로 정렬합니다. 문자들만 있는 리스트라면 알파벳 순으로 정렬됩니다.
nums
> [2, 3, 4, 5, 6]
```

더 많은 기능들이 있지만 이 정도만 알아두고 넘어가겠습니다.

다음으로 배울 자료구조는 딕셔너리^{Dictionary}입니다. 딕셔너리는 사전이라는 뜻처럼 그 형태도 사전과 유사합니다. 우리가 사전에서 원하는 단어를 찾을 때 알파벳을 찾고 알파벳에 해당되는 페이지들을 쭉 보면서 단어를 찾는 것처럼, 딕셔너리는 우리가 원하는 값을 "키"로 설정하여 참조할 수 있습니다. 앞서 리스트가 0번째부터 차례로 a[1] 와 같은 방식으로 값을 찾았다면, 딕셔너리는 my_dict['Alice'] 와 같은 방식으로 값을 찾을 수 있습니다. 자세한 사용법은 코드와 함께 보도록 하겠습니다.

```
my_dict = {'Alice': 30, 'BoB': 60, 35: 'fail', 70: 'success', 'class': 'best'}
                              # {}로 표현하며, 좌측에 "키," 오른쪽에 "값"을 :로 구분합니다.
my_dict['Alice']
> 30
my_dict['John'] = 50          # 새로운 데이터를 추가할 때 키, 값을 적절히 입력하면 추가됩니다.
my_dict.keys()               # 딕셔너리의 키만 뽑을 수 있습니다.
> ['Alice', 'BoB', 35, 70, 'class', 'John']
my_dict.values()             # 딕셔너리의 값만 뽑을 수 있습니다.
> [30, 60, 'fail', 'success', 'best', 50]
for key, val in my_dict.items(): # 딕셔너리의 키-값 쌍은 items()로 확인할 수 있습니다.
```

```
    print(key, val)
> 'Alice' 30
> 'BoB' 60
> 35 'fail'
...
```

다음은 튜플입니다. 튜플은 정말 간단한 자료구조로, 그냥 값을 단순 저장하기 위한 자료구조입니다. 한 번 생성하면 변경할 수 없으며 그 대신 성능면에서 효율이 좋습니다.

```
my_data = (30, 50) # 튜플은 ()로 표현할 수 있습니다.
my_data[0]          # 값에 접근하는 방식은 리스트와 동일합니다.
> 30
my_data[1]
> 50
```

기본적인 자료구조를 모두 배웠습니다. 데이터 저장, 조건, 반복 등 처리까지 배웠으니 이제 대부분의 프로그램은 개발할 수 있게 되었습니다.

1.3.7 함수

함수는 아주 어렸을 때 수학시간에 배웠던 마술 상자를 생각하면 됩니다. 숫자 A를 집어넣으면 숫자 B가 나오는 어떤 상자가 있다고 하면, 이 상자는 함수라고 할 수 있는 것입니다. 수학적인 의미에서 함수는 어려울 수 있지만, 프로그래밍에서 함수는 딱 이 정도로 이해해도 충분합니다.

프로그래밍 언어에서 함수는 일련의 코드를 묶어놓은 단위체라고 볼 수 있습니다. 마치 마술 상자처럼, 어떤 값을 넣었을 때 일련의 코드들을 실행하여 결과값을 도출하는 코드 묶음을 함수라고 이해하면 됩니다. 파이썬에서 함수를 다루는 방법을 예제를 통해 알아보겠습니다.

```
def sum(a, b):
    result = a + b
    return result
```

파이썬에서 함수는 def라는 키워드로 시작합니다. 함수를 정의한다고 이해하면 되며, sum이라는 이름의 함수를 만들었습니다. sum() 안에 있는 a, b는 마술 상자에 넣는 입력값입니다. 그리고 result = a + b라는 연산을 수행한 다음, return result 라는 문장을 통해 결과값을 도출합니다. 이것이 함수의 모든 구성요소입니다. 간단하죠?

그럼 함수를 만드는 방법은 알았으니 사용하는 방법도 알아보겠습니다.

```python
def sum(a, b):
    result = a + b
    return result

num1 = int(input())
num2 = int(input())
print(sum(num1, num2))
```

앞서 작성한 sum() 함수 밑에 코드 3줄을 작성했습니다. 숫자 두 개를 입력받아 이에 대한 sum() 함수 실행 결과를 출력하도록 하는 코드입니다. 함수는 이처럼 sum()이라는 이름으로 호출하여 사용하고, 원하는 입력 값인 num1, num2를 넣는 방식입니다. 이때 num1, num2와 같은 입력 값을 인자arguments라고 하고, 그에 따라 반환되는 result를 반환 값return value라고 표현합니다.

여기까지 함수의 기초에 대해 배웠는데, 사실 sum과 같은 간단한 함수는 굳이 함수로 작성하지 않고 직접 코드로 입력해도 괜찮을 것 같습니다. 다른 코드들도 마찬가지일텐데, 함수를 사용하는 이유는 무엇일까요? 바로 불필요한 코드의 반복을 줄일 수 있다는 점에 있습니다. 우리가 100줄짜리 연산하는 코드를 작성했다고 가정했을 때, 이 연산을 프로그램 내에서 여러 번 사용한다면 100줄짜리 코드를 여러 번 작성해야 하는 불상사가 일어납니다. 이런 일을 방지하기 위해 100줄짜리 코드를 함수 형태로 선언해놓고, 사용할 때마다 이름을 부르는 방식으로 사용하면 간편하게 사용할 수 있습니다. 또한 그 100 줄짜리 코드가 어떤 일을 수행하는 코드인지 함수 이름에서 표현할 수 있기 때문에 코드 가독성 면에서도 도움을 줍니다.

> **NOTE**
>
> 그동안 자연스럽게 사용했던 input(), print()와 같은 구문들도 모두 함수입니다. 이는 파이썬에 기본적으로 내장된 함수로 파이썬을 개발한 사람들이 작성해놓은 코드라고 볼 수 있습니다.

1.3.8 클래스와 객체지향 프로그래밍 맛보기

다음은 객체지향 프로그래밍입니다. 객체지향 프로그래밍은 깊게 이해하기엔 꽤 어렵고 배울 것이 많은 분야입니다. 따라서 우리는 Django 개발에 있어 필요한 몇 가지 개념만 간단하게 배워보려 합니다.

객체지향 프로그래밍은 게임 캐릭터 생성을 예시로 들면 쉽게 이해할 수 있습니다.

> 우리가 게임 캐릭터를 만든다고 가정해 보겠습니다. 이 게임에는 전사, 궁수, 마법사라는 직업이 있습니다. 마법사라는 직업을 선택하여 생성하면 제 캐릭터는 인간 형태이면서, 동시에 마법사라는 직업을 갖고 있는 캐릭터가 되며, 인간의 특성인 2족 보행 및 대화 능력과 더불어 마법사만의 고유 기술인 마법 스킬을 사용할 수 있습니다. 마법사는 인간이므로 체력이 존재하며, 공격을 받는 등 이벤트가 발생했을 때 체력이 감소합니다.

이 상황을 객체지향으로 다시 이해해 보겠습니다.

> 우리가 게임 캐릭터(객체/인스턴스)를 만든다고 가정해 보겠습니다. 이 게임에는 전사, 궁수, 마법사라는 직업(클래스)이 있습니다. 마법사라는 직업을 선택하여 생성하면(생성자) 제 캐릭터는 인간(부모 클래스) 형태이며, 동시에 마법사(자식 클래스)라는 직업을 갖고 있는 캐릭터가 되며, 인간의 특성인 2족 보행 및 대화 능력(상속)과 더불어 마법사만의 고유 기술인 마법 스킬(메소드)을 사용할 수 있습니다. 마법사는 인간이므로 체력(속성)이 존재하며, 공격을 받는 등 이벤트가 발생했을 때 체력이 감소(속성값 변경)합니다.

짧은 상황 속에 우리가 배우고자 하는 객체지향 개념이 모두 들어있습니다. 차근차근 설명해 보자면, 객체지향 프로그래밍에는 클래스Class라는 개념이 있습니다. 이 클래스는 객체/인스턴스를 만들기 위한 템플릿Template이라고 할 수 있습니다. 템플릿 역할을 하는 클래스로 객체/인스턴스를 생성할 수 있으며 이때 생성자라는 방식으로 객체/인스턴스를 생성합니다. 그렇게 생성된 객체/인스턴스는 클래스가 가진 속성과 기능을 모두 사용할 수 있습니다. 이때 클래스의 기능을 메소드라고 부르며, 이는 함수 형태로 작성되어 있습니다.

또한 클래스는 상속이라는 개념을 사용합니다. 상속이란 A라는 클래스가 있을 때 이 클래스를 기반으로 새로운 B클래스를 만드는 것을 말합니다. 해당 상황에서는 인간이라는 클래스를 상속받아 마법사라는 클래스를 만들었습니다. 마법사도 인간이므로 인간의 특징을 모두 구현해야 하는데, 이미 인간 클래스가 있다면 이를 그대로 상속받아 선언한 다음 마법사만의 특징을 추가하면 되기 때문에 상속은 편리함을 제공합니다. 이때 기반이 되는 클래스를 부모 클래스라고 표현하고, 새롭게 생성된 클래스를 자식 클래스라고 표현합니다. 부모의 유전자가 자식에게 이어지는 것을 생각하면 이해하기 쉽습니다.

어느 정도 간단히 객체지향 프로그래밍의 개념이 이해되었다면, 파이썬 코드 예제로 확인해 보겠습니다.

```
class Human():                    # 클래스
    hp = 100                      # 속성
    name = "기본 이름"

    def walk(self):               # 메소드
        print("I can Walk!")

class Wizard(Human):              # 부모 클래스 상속
    def __init__(self, name):     # 생성자(초기값 설정)
        self.name = name
    def magic(self):
        print("Magic!")

my_char = Wizard("지존짱짱")       # 객체를 생성할 때 클래스 이름으로 생성합니다.
                                  # 클래스 이름을 생성자로 사용하는 것입니다.

print(my_char.name)              # 객체.속성으로 속성값을 출력할 수 있습니다.
> "지존짱짱"                      # 기본 이름이 아닌 설정한 이름이 나오는 것을 볼 수 있습니다.
print(my_char.hp)
> 100                             # 설정하지 않은 속성은 기본 속성이 나옵니다.
my_char.walk()                    # 부모 클래스의 메소드를 사용할 수 있습니다.
> "I can Walk!"
my_char.magic()                   # 자식 클래스의 메소드를 사용합니다.
> "Magic!"
```

위의 코드를 보면 대부분의 사람은 쉽게 이해하고 클래스나 객체를 생성할 수 있습니다. 이때 self라는 키워드가 눈에 들어오는데, 이는 자기 자신을 뜻하는 키워드로 객체 자기 자신의 속성 혹은 메소드를 사용하기 위해 사용되는 키워드입니다. 클래스 내에서는 self라는 키워드로 꼭 대상을 지정해 주어야 합니다.

그 외에는 크게 어려울 부분은 없습니다. 우리가 객체지향 프로그래밍을 배운 이유는 파이썬이 객체지향 프로그래밍 언어임과 동시에 Django 또한 다수의 클래스를 기반으로 제작된 프레임워크이기 때문입니다. 개념을 모두 이해해야 개발할 수 있는 것은 아니지만, 코드를 볼 때 낯설지 않기 위해 조금 간단하게나마 객체지향 프로그래밍을 공부해 보았습니다.

Django
기본 컨셉 익히기

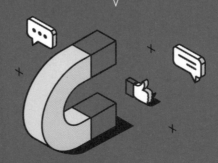

2.1 Django 시작하기

DRF를 공부하기 앞서 Django에 대해 알아보겠습니다. 먼저 Django를 설치하고 첫 프로젝트를 시작합니다.

2.1.1 Django란

Django는 파이썬 기반의 웹 풀스택 프레임워크입니다. 프론트엔드 부분이 부실해서 실제 서비스에서 활용하기엔 조금 부족하지만, Django만 가지고도 웹 개발을 처음부터 끝까지 완성해낼 수 있습니다. HTML과 CSS, 그리고 파이썬만 잘 쓸 수 있다면 웹 어플리케이션을 완성할 수 있기 때문에 개발을 처음 시작하는 모든 분들께 저는 항상 Django로 시작할 것을 권장합니다.

Django는 다른 프레임워크들에 비해 자유도가 낮습니다. 프레임워크의 자유도가 낮다는 것은 쉽게 말해 건드릴 수 있는 부분이 적다는 것인데, 이걸 다르게 생각한다면 몇 개 건드리지 않아도 웹 어플리케이션을 완성할 수 있다는 말입니다. 그렇기에 앞서 말했듯 초보에게는 정말 적합한 프레임워크입니다.

▲ 프론트부터 백엔드까지!

Django는 이렇게 다른 프레임워크들에 비해 쉬우면서도 기본에 충실한 프레임워크입니다. 웹뿐만 아니라 앱을 개발할 때도 사용되는 개발 패턴들이 있는데, Django는 이를 아주 충실히 따라갑니다. MTV 패턴이라는 것인데, 이에 대한 내용은 추후 더 자세히 알아보도록 하겠습니다.

개발 패턴

개발에서 패턴(디자인 패턴)이라는 것은 상당히 중요하고 편리합니다. 개발 패턴을 간단히 말하면 만들어야 하는 개발 요소들에 대한 규격화된 양식입니다. 이해하기 어려우니 요리를 만드는 과정에 비유하여 설명해 보겠습니다.

요리를 만드는 프로세스를 정리해 보면 대강 아래와 같습니다.

1. 재료를 손질한다.
2. 양념장을 만든다.
3. 재료와 양념장을 섞는다.

뭔가 너무 간단하다 싶지만 일단 넘어갑시다. 여기까지 봤을 때 요리라는 객체는 재료와 양념장으로 구성됨을 알 수 있습니다. 재료를 손질하고, 양념장을 만들어 이 둘을 연결하는 것이 요리의 전부입니다. 이 패턴은 모든 요리에 적용할 수 있을 것 같지 않나요? 무엇보다 이렇게 요리라는 것을 재료와 양념장으로 구분해서 만들면 훨씬 정돈되고 내가 하던 요리를 누군가 와서 대신 하더라도 금방 이해해서 쉽게 할 수 있을 것입니다.

▲ 누가 와도 바로 이해/편함

개발도 동일합니다. 개발에 필요한 내용들을 몇 개의 단위로 나눠놓고, 하나하나 만든 다음에 이것들을 연결하는 것. 개발 프로젝트도 이렇게 요약할 수 있습니다. 개발에서 패턴은 다양한 종류가 있으며 개발자들이 선호하는 패턴도 있습니다. 또한 Django와 같은 프레임워크에서 사용하는 패턴도 있는데, Django의 경우 MTV라는 패턴을 사용합니다. 이는 나중에 직접 개발하면서 익혀보겠습니다.

Django는 배포도 상당히 간단하게 할 수 있습니다. 심지어 무료로 말이죠! 프레임워크 자체가 초보자 친화적이기 때문에, Django만을 위한 무료 호스팅 서비스도 있고 다른 호스팅 서비스에서도 Django 배포는 간단하게 진행할 수 있습니다. 물론 실제 서비스를 운영하기엔 부족한 호스팅 성능이겠지만, 혼자 공부하면서 확인하기엔 충분하겠습니다.

그러고보니 이 책은 Django가 아닌 **Django REST Framework**을 다루는 책이었네요. Django에 대해 먼저 이렇게 배우는 이유는 결국 Django REST Framework 또한 Django를 기반으로 만들어진 프레임워크이고, 사실 Django에서 몇 가지만 수정하면 Django REST Framework로 개발하는 API 서버가 되기 때문에 Django에 대해 충분히 익숙해야 이후 실제로 API 서버를 개발하는 과정을 무난히 따라올 수 있을 거라 생각하기 때문입니다. 만약 이미 Django를 사용해본 분들이라면 2장은 넘어가도 좋습니다. 하지만 이 책을 통해 처음 웹 개발에 입문하였거나, 파이썬으로 웹 개발이 처음이라면 앞으로의 내용들을 잘 따라오기를 바라겠습니다.

2.1.2 개발 환경 세팅

이제 그럼 Django를 본격적으로 시작해 보겠습니다. 시작에 앞서 Django를 설치하고 앞으로 Django와 Django REST Framework을 활용해 개발할 준비를 해볼 것인데, 실습을 진행할 환경은 아래와 같습니다.

> **운영체제** : macOS Catalina 10.15.5
> **파이썬 버전** : 3.10.1(최소 3.8.0 이상)
> **Django 버전** : 3.2.10
> **DRF 버전** : 3.13.1
> **개발 도구**: Visual Studio Code(무료)
> **가상 환경 도구** : virtualenv

우선 개발 도구부터 설치해 봅시다! Django 및 파이썬을 개발할 수 있는 개발 도구들은 다양하게 있습니다. 자유롭게 커스텀할 수 있는 기본적인 에디터부터, 여러 가지 편의 기능까지 포함하고 있는 통합 개발 도구도 있습니다. 여러 가지 선택지가 있을 것이고 각자 편한 도구를 사용하면 되지만, 책에서는 Visual Studio Code(이하 VSCode)라는 무료 개발 도구를 사용하도록 하겠습니다. 무료이니 이용에 부담 갖지 않아도 되고, 요즘 웹, 앱 등 다양한 개발에 활용되고 있어 이후 다른 분야에 쓰기도 좋습니다. 원래 쓰던 도구가 있다면 계속 사용해도 되고, 이번에 VSCode를 새롭게 설치하여 이용해도 좋습니다.

VSCode는 아래 링크에서 다운로드할 수 있습니다.

https://code.visualstudio.com/

모두 설치되었다면 VSCode를 열고 파이썬을 실행해 보겠습니다. 상단 메뉴바의 Terminal 탭을 보면 New Terminal이라는 메뉴가 있습니다. 이를 실행시키겠습니다.

VSCode 하단에 터미널이 나타난 것을 볼 수 있습니다.

이 터미널에서 python3 라는 명령어를 입력하겠습니다.

터미널에서 파이썬이 잘 실행되는 것을 볼 수 있습니다. 우리는 앞으로 VSCode로 코드를 작업하고, 하단에 띄운 터미널에서 파일을 실행시키는 방식으로 개발할 것입니다.

2.1.3 프로젝트 시작하기

이제 우리는 가상 환경(virtualenv)으로 개발 환경을 설정할 것입니다. 설정에 앞서 가상 환경에 대한 개념을 짚고 넘어가겠습니다.

가상 환경이라는 것은 말 그대로 가상의 환경을 만들어 설정을 하고, 그 위에서 프로젝트를 진행하게끔 하겠다는 개념입니다. 기껏 파이썬을 설치했는데 그냥 그걸 그대로 이용하면 되지 굳이 가상 환경을 만들어야 하는 이유는 무엇일까요? 이는 프로젝트마다 필요한 패키지 버전이 다르기 때문입니다. 기본 파이썬 버전은 3.9 버전을 이용하더라도, 그 안에서 프로젝트마다 사용하고 있는 패키지의 종류도 다르고, 프로젝트마다 필요한 버전도 다를 수 있습니다. 당장의 프로젝트에서는 크게 상관 없겠지만 파이썬뿐만 아니라 다양한 개발 분야에서도 의존성 관리와 같은 이름의 개념으로 널리 사용되고 있기 때문에 잘 이해하고 넘어가면 좋을 것 같습니다.

그럼 이제 가상 환경을 설정하며 프로젝트를 시작하겠습니다. 2장에서는 아주 간단한 사진 웹 사이트를 만들 것입니다. 우선 프로젝트 폴더를 원하는 위치에 생성하고, 해당 폴더를 VSCode로 열어보세요. 그리고 Terminal 탭에 있는 New Terminal을 통해 터미널을 아래에 띄워봅시다. 그리고 다음과 같은 명령어를 입력합니다.

```
~/Projects/DRF-Projects/02_PhotoApp $ python3 --version        # Python 3.10.1 이라고 나오는지 확인
~/Projects/DRF-Projects/02_PhotoApp $ python3 -m venv myvenv        # 나만의 가상 환경 myvenv 생성
~/Projects/DRF-Projects/02_PhotoApp $ source myvenv/bin/activate
# myvenv를 실행(활성화) / 윈도우 : $ myvenv\Scripts\activate 실행
(myvenv) ~/Projects/DRF-Projects/02_PhotoApp $ # 설정 완료!
```

가상 환경이 활성되었으니 이제 Django를 설치할 때입니다. 아래 명령어를 입력해 설치합니다.

```
(myvenv) ~/Projects/DRF-Projects/02_PhotoApp $ pip install django~=3.2.10
```

설치는 모두 완료되었습니다! 이제 새로운 Django 프로젝트를 만들어 볼 시간입니다.

```
(myvenv) ~/Projects/DRF-Projects/02_PhotoApp $ django-admin startproject myweb .
# .을 빼먹지 않도록 주의하세요! .은 현재 위치에 프로젝트를 만들라는 뜻입니다.
```

명령어를 실행시킨 결과 myweb이라는 폴더와 manage.py 파일이 생겼습니다! 여기에 앱이라는 것을 추가해 보겠습니다. myvenv를 활성시켰기 때문에, python이라고만 입력해도 myvenv 내 설치된 python

3.10 버전임을 인식해 실행합니다. 더 이상 python3라는 명령어로 실행하지 않아도 됩니다.

```
(myvenv) ~/Projects/DRF-Projects/02_PhotoApp $ python manage.py startapp photo
```

이번에는 photo 폴더가 생겼습니다. 폴더 내 파일들이 많이 있는데, 각 파일들이 어떤 역할을 하는지는 나중에 자세히 알아보기로 하고 일단 프로젝트를 실행시켜보도록 하겠습니다. 아래 명령어를 입력하여 실행하겠습니다.

```
(myvenv) ~/Projects/DRF-Projects/02_PhotoApp $ python manage.py runserver
```

실행하면 아래와 같은 에러 문구가 나오면서 그래도 실행 중이라는 문구가 나옵니다. 에러는 지금 실행하는 데 큰 문제가 없기 때문에 일단 넘어가겠습니다. 아래 주소를 클릭하여 들어가봅니다.

http://127.0.0.1:8000

8000은 Django가 사용하는 포트 번호입니다. 포트는 간단히 생각하면 우리 웹 서비스가 돌아가고 있는 컴퓨터로 다른 사람들이 들어오기 위한 문입니다. 몇 가지 문들은 이미 누군가의 전용 출입구라서 Django는 8000번째 문을 사용한다고 이해할 수 있습니다.

이런 화면이 나오면 잘 된 것입니다! 축하드립니다 :) 여기까지가 Django 프로젝트를 만들고 앱을 추가해 처음 실행하는 단계입니다. 아직 프로젝트와 앱이 무슨 역할인지 잘 모르겠으니 다음 장에서 알아보도록 합시다.

Django의 실행을 멈추고 다시 터미널로 돌아오려면 터미널 화면에서 Ctrl+C를 입력하여 종료하면 됩니다.

2.2 Django 프로젝트 구조 살펴보기

Django의 기본 생성 프로젝트를 분석하면서 구조를 알아보겠습니다.

2.2.1 Django 프로젝트와 앱

Django에서 프로젝트와 앱은 개발자가 정의하고 사용하는 것에 따라 그 구성이 달라질 수 있습니다. 이 책에서는 최대한 보편적인 개념으로 이를 이해하고, 실제로 개발할 때에도 보편적인 구조를 따라가 보겠습니다.

일단 프로젝트^{Project}는 말 그대로 어떤 하나의 큰 서비스라고 보면 됩니다. 우리가 만들고 있는게 웹 서비스니까 하나의 웹 사이트가 우리의 프로젝트가 되겠습니다. Django에서 앱^{App}은 프로젝트 내 기능과 같은 요소들을 일정한 기준으로 나눠 놓은 단위를 말합니다. 앱은 조금 이해가 어려우니 비유를 들어보겠습니다.

우리가 페이스북과 같은 SNS를 만든다고 가정했을 때 페이스북은 프로젝트가 됩니다. 진짜 페이스북은 기능이 정말 많으니 피드 관련 기능만 구현한다고 해 봅시다. 그럼 이 프로젝트는 크게 나눴을 때 다음과 같은 그룹으로 나눠볼 수 있을 것입니다.

회원 관련 내용 ▶ 가입/로그인/친구 맺기 피드 관련 내용 ▶ 글쓰기/삭제하기/수정하기/공유하기

이렇게 나눠놓는다면 어떤 기능 관련 코드를 찾고 싶을 때 어느 그룹으로 가야 하는지 알 수 있고, 혼자 개발하는 게 아니라 다른 친구와 함께 개발한다면 나눠놓은 그룹을 기반으로 역할 분담이 쉬워질 것입니다.

프로젝트 확장도 용이합니다. 만약 메신저 관련 내용을 추가한다면 다음과 같아지겠네요.

회원 관련 내용 ▶ 가입/로그인/친구 맺기 등 피드 관련 내용 ▶ 글쓰기/삭제하기/수정하기/공유하기 등 메신저 관련 내용 ▶ 채팅 보내기/채팅 받기/차단하기 등

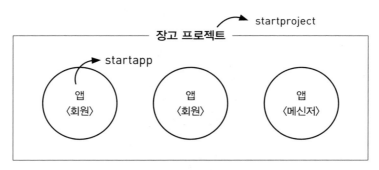

▲ Django 프로젝트와 앱

우리가 이렇게 나눠놓은 그룹 하나를 앱이라고 부르게 됩니다. 무엇을 기준으로 나누느냐에 따라 프로젝트 구조가 많이 달라지고, 개발 난이도에 영향을 줄 수도 있습니다. 너무 작게 나눠도, 크게 나눠도 불편하기 때문에 프로젝트 내 앱을 설계하는 것은 참 중요하고 개발자의 역량에 의존하는 내용입니다. 책에서는 최대한 개발하기 쉬운 구조로 작성해보겠지만 정답은 없음을 미리 말씀드립니다.

2.2.2 Django 프로젝트 설정 마무리하기

다시 코드로 돌아와서 프로젝트 설정을 완료해 보겠습니다. myweb/settings.py를 열어서 일부 내용을 수정해 주겠습니다.

```
INSTALLED_APPS = [
    'django.contrib.admin',
    'django.contrib.auth',
    'django.contrib.contenttypes',
    'django.contrib.sessions',
    'django.contrib.messages',
    'django.contrib.staticfiles',
    'photo',               # 방금 만든 앱을 추가해줍니다.
]
TIME_ZONE = 'Asia/Seoul' # 시간대를 한국으로 설정하겠습니다.
```

2.2.3 Django 프로젝트 구성요소 살펴보기

이제 프로젝트의 전반적인 구조를 살펴보겠습니다. 우리는 앞서 startproject와 startapp 명령어를 통해 각각 프로젝트와 프로젝트 내부에 들어갈 앱을 만들어보았습니다. 이를 통해 최종적으로 만들어진 폴더 구조는 다음과 같았는데, 이 폴더 구조를 구성하고 있는 파일들이 어떤 친구들인지 하나하나 확인해 보겠습니다.

manage.py 파일은 Django 프로젝트 중 Django와 관련된 여러 가지 명령어를 써야할 때 사용하는 파일입니다. 우리가 앞선 작업 중 python manage.py runserver, python manage.py migrate와 같은 작업을 한 것에서 이미 자연스럽게 manage.py 파일을 사용하고 있었습니다. manage.py 파일은 django. core.management 모듈로부터 execute_from_command_line이라는 함수를 가져와 사용자가 입력하는 명령어를 처리하는 일을 하고 있습니다. 일단 결론부터 말하면, manage.py 파일은 우리가 건드릴 일이 없습니다. 그저 우리의 명령어를 처리해 주는 파일이라고만 알고 넘어가면 될 것 같습니다.

myweb 폴더에는 여러 파일들이 있습니다. startproject로 만들어진 만큼 내 Django 프로젝트의 설정 및 기본적인 기능을 위한 파일들이 있는 것으로 생각해볼 수 있습니다. 총 5개의 .py 파일이 존재하는데, 우리가 앞으로 사용하게 될 파일은 myweb/settings.py와 myweb/urls.py 뿐이므로, 이 두 개에 대해서만 중점적으로 알아보도록 하겠습니다.

myweb/settings.py 파일은 우리가 먼저 만나봤었습니다! 이름부터 알 수 있듯 프로젝트의 설정 파일입니다. 설정 파일이니 프로젝트에서 설정할 수 있는 옵션들이 몇 가지 있는데, 이 중 자주 사용되는 옵션들만 살펴보겠습니다.

```
DEBUG = True
```

해당 옵션은 디버깅 모드에 대한 옵션입니다. 이를 True로 켜놓으면 디버깅 모드가 되는데, 이는 우리가 만든 웹 결과물에서 어떤 페이지나 기능에서 에러가 났을 때 그 에러에 대한 메시지가 웹 페이지에 그대로 노출되는 것을 의미합니다. 개발할 때는 이를 보면서 에러를 고쳐나갈 수 있겠지만, 실제로 배포할 때 이를 켜놓고 배포하면 사용자들 입장에서는 조금 당황스럽겠죠. 해커들이 이를 본다면 우리 프로젝트의 구조를 파악해서 무언가 공격할 실마리를 찾게 될지도 모릅니다! 따라서 나중에 배포할 때는 꺼놓고 배포해야 하고, 개발 공부를 하는 지금 상태에서는 켜놓는 게 여러모로 도움이 될 것 같습니다.

```
ALLOWED_HOSTS = []
```

여기에는 말 그대로 허용할 호스트 주소에 대한 내용을 넣습니다. 여기서 호스트 주소란 우리가 만든 Django 프로젝트가 돌아가는 환경의 접속할 수 있는 주소를 의미하는데, 이를테면 우리가 현재 로컬 환경에서 Django 프로젝트를 실행하면 http://127.0.0.1:8000에서 실행이 됩니다. 여기서 127.0.0.1이 호스트 주소가 됩니다. 로컬 주소는 기본값이라서 저 옵션 안에 선언해 주지 않아도 되지만, 선언한다고 하면 다음과 같이 사용될 것입니다.

```
ALLOWED_HOSTS = ['127.0.0.1']
```

이후에 우리가 프로젝트를 배포할 때 배포하는 서버의 호스트 주소를 여기에 입력해야 외부에서 우리 프로젝트로 접속할 수 있게 됩니다. 이는 나중에 배포하면서 직접 사용해 보도록 하겠습니다.

```
INSTALLED_APPS = [
    'django.contrib.admin',
    'django.contrib.auth',
    'django.contrib.contenttypes',
    'django.contrib.sessions',
    'django.contrib.messages',
    'django.contrib.staticfiles',
    'photo'
]
```

INSTALLED_APPS는 역시 말 그대로 설치된 앱들을 등록하는 옵션입니다. Django 프로젝트에서 사용할, 만든 앱들을 여기에 선언해 주어야 등록이 되어 프로젝트에서 정상적으로 적용이 됩니다.

앞서 우리가 hello라는 앱을 만들고 여기에 추가해 주는 과정을 거쳤었습니다.

일단 myweb/settings.py에서 알아야 하는 내용은 어느 정도 확인한 것 같습니다. 이외에도 여러 옵션이 있고 myweb/settings.py에 아직 입력하지 않은 새로운 옵션들도 있지만, 모두 필요할 때 사용해 보면서 익혀보도록 하겠습니다.

myweb/urls.py 파일은 우리 프로젝트의 url 주소를 등록해놓는 파일입니다. 내부에 보면 아래와 같은 내용이 있습니다.

```python
from django.urls import path

urlpatterns = [
    path('admin/', admin.site.urls),
]
```

위와 같이 path()를 통해 원하는 주소를 등록할 수 있습니다. (만약 url로 되어 있는 경우 위 코드처럼 path로 수정하세요!) 위의 경우에는 127.0.0.1:8000/admin/ 이라는 주소가 선언되어 있는 것을 볼 수 있습니다. 그렇다면 지금 저 주소로 접속하면 어떻게 될까요?

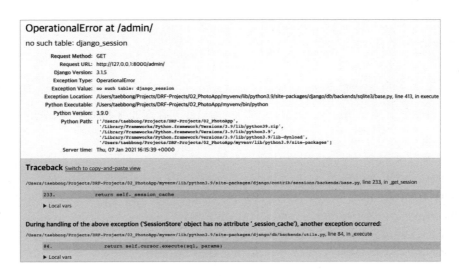

이런 에러 화면이 나오는군요……! no_such_table이라는 문구에서 DB와 관련된 내용임을 유추할 수 있지만, 일단 우리는 나중을 위해 넘어가도록 합시다.

해결하지 못한 문제들이 조금 있지만 프로젝트 폴더는 어느 정도 다 본 것 같습니다. 이제 photo 앱 폴더를 확인해 보겠습니다.

2.2.4 Django 앱 구조로 알아보는 MTV 패턴

photo 폴더를 살펴보면 6개의 파이썬 파일들과 migrations라는 폴더가 있는 걸 확인할 수 있습니다. 이 파일들이 어떤 역할을 하는지 이해하기 위해선 MTV 패턴에 대해 이해할 필요가 있습니다. MTV 패턴을 이해하고 각 요소들을 깊게 살펴보며 자연스럽게 photo 앱 폴더를 완벽히 이해할 수 있게 될 것입니다.

Django에서는 MTV 패턴으로 전반적인 개발을 진행합니다. 여기서 어떤 패턴으로 개발을 진행한다는 것은 작업을 함에 있어 어느 정도 규칙과 같이 정해진 방식이 있고, 그 방식을 따라가며 중간중간 방식이 요구하는 내용을 순서대로 채워 넣으며 개발을 한다는 개념으로 이해하면 됩니다. 마치 레고를 조립하는 방법을 알려주는 설명서와 같습니다. 어떤 과정을 거쳐서도 레고를 완성시킬 수 있겠지만, 설명서에 나온 체계적인 프로세스를 따르다보면 더 간편하고 쉽게 완성할 수 있을 것입니다.

개발 패턴에는 여러 가지 종류가 있습니다. 이러한 패턴은 앞서 말했듯 같은 문제를 해결하기 위한 다양한 방법론 중 하나입니다. 개발자들은 문제를 해결하기 위해 다양한 각도에서 접근하였고, 그러던 중 개발자들은 코드들이 각자 자기가 맡은 역할만을 온전히 수행하고, 서로 독립된 형태로 동작하는 구조에 관심을 갖게 되었습니다. 그런 구조로 만들게 된다면 어떤 개발자가 이후 프로젝트를 유지보수하게 되더라도 전체적인 흐름을 파악하기 쉽겠죠. 대충 이쪽 부분은 데이터 처리와 관련된 부분이겠구나, 이쪽은 사용자에게 데이터를 보여주는 부분이겠구나, 하는 방식으로 말입니다. 지금 우리는 혼자 개발하고 있지만, 세상의 모든 일을 혼자 할 수 없고 개발 역시 마찬가지이기 때문에 이해하기 쉬운 구조로 프로젝트를 만드는 건 아주 중요합니다. 대부분의 개발자들이 알고 있는 방식이면 더욱 좋겠죠. 그런 직관적이고 간단한 구조 중 하나가 바로 MTV 패턴입니다.

MTV 패턴은 Model(모델), Template(템플릿), View(뷰)의 약자입니다. 다음 장부터 자세히 살펴보겠지만 간단히 정리하자면 Model은 앱의 데이터와 관련된 부분을 다루고 있고, Template는 사용자에게 보이는 부분, View는 그 사이에서 Model의 데이터를 Template로 전달하고 Template에서 발생하는 이벤트를 처리하는 부분입니다. 나름 구조가 체계적으로 잡혀있고 각자의 역할이 뚜렷해 보입니다. 이들이 동작하는 흐름을 그림으로 표현하면 대강 다음과 같은 느낌이겠습니다.

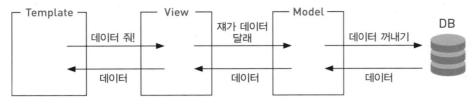

Template   View   Model   DB

데이터 줘!   쟤가 데이터   데이터 꺼내기
                달래

데이터   데이터   데이터

▲ MTV 패턴의 동작 방식

아직 이해가 잘되지 않아도 우리는 이번 챕터 내내 이 패턴을 익히게 될 것입니다. 몇 번만 연습해 보면
의식의 흐름대로 각 부분을 만들어내고 있는 자신을 보게 될 것입니다.

이제 MTV 패턴에 대한 개념은 어느 정도 설명하였으니 각 요소들을 자세히 살펴보겠습니다.

2.3 Django Model 알아보기

Django의 구성요소 중 하나인 Model(모델)에 대해 알아보겠습니다.

2.3.1 Migration 에러 수정하기

모델에 대해 알아보기 전에 앞서 발생했던 migrations 에러를 고쳐보겠습니다. 터미널에 다음 명령어를
입력하겠습니다.

```
(myvenv) ~/Projects/DRF-Projects/02_PhotoApp $ python manage.py migrate
```

```
TERMINAL   PROBLEMS   OUTPUT   DEBUG CONSOLE                                    1: zsh

(myvenv)  ~/Projects/DRF-Projects/02_PhotoApp   master   python manage.py migrate
Operations to perform:
  Apply all migrations: admin, auth, contenttypes, sessions
Running migrations:
  Applying contenttypes.0001_initial... OK
  Applying auth.0001_initial... OK
  Applying admin.0001_initial... OK
  Applying admin.0002_logentry_remove_auto_add... OK
  Applying admin.0003_logentry_add_action_flag_choices... OK
  Applying contenttypes.0002_remove_content_type_name... OK
  Applying auth.0002_alter_permission_name_max_length... OK
  Applying auth.0003_alter_user_email_max_length... OK
  Applying auth.0004_alter_user_username_opts... OK
  Applying auth.0005_alter_user_last_login_null... OK
  Applying auth.0006_require_contenttypes_0002... OK
  Applying auth.0007_alter_validators_add_error_messages... OK
  Applying auth.0008_alter_user_username_max_length... OK
  Applying auth.0009_alter_user_last_name_max_length... OK
  Applying auth.0010_alter_group_name_max_length... OK
  Applying auth.0011_update_proxy_permissions... OK
  Applying auth.0012_alter_user_first_name_max_length... OK
  Applying sessions.0001_initial... OK
(myvenv)  ~/Projects/DRF-Projects/02_PhotoApp   master
```

그러면 화면과 같이 무언가가 쭉 실행되면서 migration이 잘 되는 것을 확인할 수 있습니다. 마이그레이션은 무언가를 적용시킨다는 뜻인데, 이는 우리가 직접 모델을 만들 때 자세히 알아보겠습니다.

2.3.2 어드민 페이지 들어가보기

앞서 실패했던 어드민 페이지 방문을 다시 시도해 봅시다. 다시 runserver로 실행하여 127.0.0.1:8000/admin에 들어가면 다음과 같은 화면이 나옵니다.

따로 만든 적도 없는 페이지가 나와서 조금 당황스럽지만, 이는 Django에서 기본적으로 제공해 주는 관리자 페이지입니다. 이런 부분들이 Django가 참 편하다는 것을 느끼게 해주는데, 자세히 살펴보니 로그인만 있고 계정 등록은 없는 것 같네요……! 관리자 계정을 새로 만들기 위해서는 콘솔에 다음과 같은 명령어를 입력해야 합니다.

```
(myvenv) ~/Projects/DRF-Projects/02_PhotoApp $ python manage.py createsuperuser
```

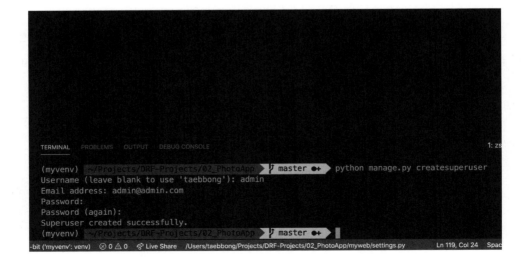

명령어를 입력하면 Username, Email address, Password를 입력하도록 합니다. 모두 마음대로 입력하면 되고, 이메일 주소는 딱히 인증 과정이 없기 때문에 실재하지 않는 이메일 주소도 가능합니다. 단, 패스워드가 너무 짧으면 생성되지 않기 때문에 8글자 이상으로 만들면 됩니다. 이제 관리자 계정이 생성되었으니 다시 runserver로 실행한 다음, 방금 만든 계정으로 로그인해 보겠습니다.

로그인에 성공하면 위와 같은 관리자 화면이 나옵니다(만약 로그인 화면이 계속 로딩만 되고 진행되지 않는다면 새로고침을 해보세요). 여러 가지 기본 기능이 구현된 관리자 화면을 볼 수 있는데, 이후 관리자 페이지를 유용하게 쓸 예정이니 일단 이렇게 보고 넘어가도록 하겠습니다.

2.3.3 모델이란

Django에서 모델은 앞서 간단히 살펴봤듯, 앱의 데이터와 관련된 부분을 다루는 영역입니다. 모델을 조금 더 자세히 이해해 보자면 데이터베이스에 저장될 데이터의 모양을 정의하고 관련된 일부 기능들을 설정해 주는 영역이라고 할 수 있겠습니다.

모델을 쉽게 이해하는 방법은 현실 세상을 코드로 옮기는 과정이라고 생각하는 것입니다. 뜬구름 잡는 얘기 같지만 예시를 한번 생각해 보겠습니다.

현실 세상 속에 있는 "사람"이라는 개체를 코드로 옮긴다면 어떻게 해야 할까요? 사람은 워낙 복잡한 존재이지만 간단하게 일부 내용만 추려본다면 아래와 같이 만들 수 있겠습니다.

사람
- 이름
- 나이
- 성별
- 키

정말 기본적인 내용만 뽑아보았습니다. 저 4가지 값만 가지고 있어도 어느 정도 사람을 코드로 구현했다 할 수 있겠지만 사람이 아닌 "사용자"라고 한다면 조금 얘기는 달라질 겁니다.

사용자
- 아이디
- 이름
- 비밀번호
- 이메일
- 나이
- 성별

같은 사람인데도 구현하는데 필요한 요소들이 달라지네요. 이렇게 현실에 있는 개체의 특징들을 뽑아서 이를 구성 요소로 하는 것을 모델링이라고 합니다. 개체를 모델링한 결과물은 모델이 되겠습니다. 앞서 우리가 만든 "사람"과 "사용자"는 각각 모델이 되며, 그 내부에 있는 "이름", "나이" 등은 모델의 구성 요소 혹은 속성이 될 것입니다.

아이디	이름	비밀번호	이메일	나이	성별
taebbong	권태형	MyPassWord!!	mok05289@korea.ac.kr	24	남
youngjin	김영진	XXXXXXXX	yj@youngjin.com	27	여
...	...	...	...	...	...

이런 모양의 표, 1장에서 보지 않았나요? 데이터베이스의 테이블과 같은 구조임을 확인할 수 있습니다. 따라서 우리가 만든 모델 형태의 데이터들을 데이터베이스에 쌓으면 데이터베이스 테이블이 됩니다. 즉, 모델을 데이터베이스에 적용시키면 그것은 테이블이 되는 것입니다.

여기서 모델을 데이터베이스에 적용시키는 과정을 마이그레이션Migration이라고 합니다. 앞서 발생했던 에러가 이 부분에서 나온 것이며, Django가 가지고 있는 기본적인 모델을 데이터베이스에 적용하지 않았기에 발생한 에러였습니다. 그렇지만 아직은 Django가 어떤 모델을 갖고 있었는지 몰라 마이그레이션이 낯설게 느껴집니다. 모델을 만들고 함께 마이그레이션 하면서 알아봅시다!

2.3.4 Django 모델 만들기

파이썬으로 개발하고 있으니 모델을 하나의 클래스로 만들 수 있습니다. 이 클래스는 models.py에서 작성할 것이고, 모델 클래스에서는 속성을 정의하고 각 속성에 대한 세부 설정을 진행합니다. photo/models.py에 들어가 주석을 지우고 아래와 같이 사진 모델 클래스를 만들 수 있습니다.

```
from django.db import models

# Create your models here.
class Photo(models.Model):
    title = models.CharField(max_length=50)
    author = models.CharField(max_length=50)
    image = models.CharField(max_length=200)
    description = models.TextField()
    price = models.IntegerField()
```

위처럼 사진 모델을 Photo라는 클래스로 정의하였는데, 일반적인 클래스와 살짝 다른 점은 models. Model을 상속받았다는 점과 각 속성들을 models를 사용해 정의하였다는 점입니다. import를 하는 구문을 보면 django.db로부터 models를 가져오는데, models는 Django의 데이터베이스와 관련된 내용을 미리 작성해놓은 도구입니다. 따라서 우리는 우리만의 모델을 만들 때 models.Model이라는 클래스를 상속받아서 그 기능을 그대로 가져다 쓸 수 있으며, 예시에서 나온 CharField, TextField, IntegerField 와 같은 필드 설정도 그대로 쓸 수 있습니다. 쓸만한 필드 종류는 아래에 따로 정리해 놓았습니다.

```
CharField : 문자열(길이제한 필요)
IntegerField : 정수
TextField : 문자열(길이제한 필요 없음)
DateField : 날짜
DateTimeField : 날짜 + 시간
FileField : 파일
ImageField : 이미지 파일
ForeignKey : 외래 키(관계)
OneToOneField : 1대1 관계
ManyToManyField : 다대다 관계
```

2.3.5 Django 모델 적용시키기

Django에서 모델을 데이터베이스에 적용시키는 과정을 마이그레이션이라고 했습니다. 우리는 모델을 만들거나 수정하거나 삭제할 때, 즉 모델에 변화가 생겼을 때 마이그레이션이라고 하는 과정을 통해 프로젝트에 모델의 변경 사항을 적용시킵니다. 여기서 마이그레이션이라는 이 큰 과정을 세분화하여 살펴보면 다음과 같습니다.

1. makemigrations: 우리가 모델을 변경한 내용을 기록하여 파일로 만들어주는 과정입니다. photo/migrations 폴더 내에 생기는 파일들이 바로 이 과정으로 만들어지는 파일입니다.
2. migrate: makemigrations에서 생성된 파일을 실제로 실행시켜 실제 데이터베이스에 변경 사항을 적용시켜주는 과정입니다.

즉 models.py에서 수정한 내용은 makemigrations와 migrate 과정을 거쳐 실제 db 파일까지 반영이 됩니다. 꽤 직관적으로 파이썬 코드의 수정이 실제 db 파일의 수정까지 이어집니다. 실제로 명령어를 입력하여 확인해볼까요?

```
$ python manage.py makemigrations
```

우선 makemigrations 명령어를 입력하여 Photo 모델을 생성했다는 결과를 얻으면서 동시에 photo/migrations 폴더에 0001_initial.py 파일이 생성되었습니다.

```
$ python manage.py migrate
```

migrate 명령어를 입력하면 0001_initial.py 파일의 내용이 잘 적용되었다고 나오면서 정상적으로 잘 작동함을 알 수 있습니다. 이를 확인하기 위해서는 어떻게 하면 좋을까요? Django의 강력한 기능인 어드민 페이지에서 이를 아주 간단히 확인해볼 수 있습니다.

2.3.6 Django 모델 어드민 페이지 적용

photo/admin.py에 들어가면 'Register your models here.' 라는 안내문이 있습니다. 여기에 우리의 모델을 등록해 주면 된다는 얘기이군요. 아주 간단한 코드를 입력하여 적용해 봅시다.

```python
from django.contrib import admin
from .models import Photo

# Register your models here.
admin.site.register(Photo)
```

우리가 작성한 photo/models.py를 위와 같이 불러오고 그 안에 있는 Photo 클래스를 불러옵니다. 그리고 admin.site.register()를 통해 어드민 페이지에 Photo 모델을 등록합니다. 어드민 페이지에 모델을 등록하는 것은 이게 전부입니다. 실행하여 확인해 보겠습니다.

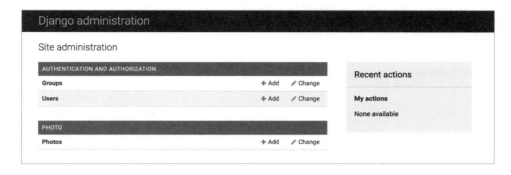

다음과 같이 Photo 탭 안에 Photo라는 모델을 다룰 수 있는 Photos 링크가 생겨났습니다! 여기서
Photos를 눌러보겠습니다.

이제서야 무언가 관리자 페이지 같은 느낌이네요. 여기서 우리는 관리자 계정을 통해 전체 Photos를 관
리할 수 있습니다. 생성, 수정, 삭제까지 다 할 수 있습니다. 우측 상단의 ADD PHOTO를 통해 글을
작성해 보겠습니다.

위와 같이 내용을 아무렇게나 작성하고 SAVE를 눌러보세요! (Save and another나 Save and
continue editing은 각각 저장하고 새로운 글을 작성하겠다와 작성하고 그 글을 수정하겠다는 내용입니
다.)

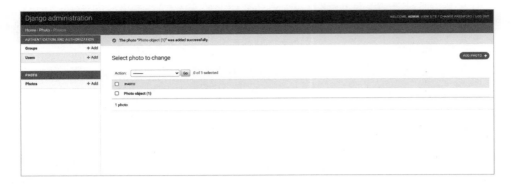

목록 화면으로 돌아오는 것을 볼 수 있고 우리가 방금 등록한 사진까지 나오는 것을 확인할 수 있네요.

여기까지 아주 기본적인 Django의 모델에 대해 알아보았습니다. 실제로 우리가 작성할 모델은 조금 더 복잡하고, 기능도 추가하는 등 좀 더 어려워질 것입니다. 혹자는 Django에서 모델을 만드는 것이 절반이라고 얘기할 정도로 모델은 중요한 부분입니다. 그렇기 때문에 앞으로의 내용에서도 자주 다루게 될 것이고, 점점 필요한 내용을 보충하면서 모델에 대해 차츰 자세히 알아갈 것이니 너무 기본적인 것만 알게 되었다고 실망하지 않으셔도 됩니다.

이제 MTV의 3요소 중 Model을 살펴보았으니 다음은 Template을 알아보도록 하겠습니다.

2.4 Django Template 알아보기

Django의 구성 요소 중 하나인 템플릿에 대해 알아보겠습니다.

2.4.1 Django Template이란

Django에서 템플릿은 사용자에게 보이는 부분이라고 했습니다. 사용자에게 보이는 부분이라는 것은 웹 페이지의 골격, 즉 HTML로 작성된 부분이라는 것을 의미합니다. 앞서 프론트와 백의 개념에 대해 얘기했었는데, 이 부분은 그렇다면 프론트 개발 영역에 포함된다고 생각할 수 있겠네요. 어렵게 생각할 필요 없이 그냥 우리는 HTML을 활용해 웹 페이지를 만들어낼 것이고, 이 부분이 Django에서 템플릿을 만드는 부분이라고 알고 넘어가면 되겠습니다.

한동안 계속 Django만 설명하고 있지만, 우리는 어디까지나 Django REST Framework로 API 개발을 할 목표로 책을 읽고 있기 때문에, 템플릿을 다루는 부분은 제일 간단하게 다루고 넘어갈 것이며, 이후 프로젝트에서 필요한 모든 HTML 및 CSS 파일들은 제공될 예정이니 정말 부담 갖지 않고 진행하면 되겠습니다.

2.4.2 Django Template의 특징

장고의 템플릿은 일반적인 HTML 작성과 99% 동일합니다. 아주 작은 차이가 있는데, 이것은 Django만의 장점이라고 할 수 있는 템플릿 태그^{Template Tag}입니다. 사실 이것이 왜 편한지는 View까지 다룬 다음 정말 와닿겠지만, 개념적으로 먼저 만나보면 Django의 템플릿 태그는 HTML이 파이썬 코드로부터(즉, Django 프로젝트로부터) 데이터를 바로 넘겨받아서 손쉽게 처리할 수 있는 도구입니다. HTML로 웹 페이지를 만들면 HTML은 그저 마크업 언어이므로 정적인 웹 페이지를 보여주기만 합니다. 무언가 데이터를 넘겨받아서 웹 페이지에 보여주기 위해서는 자바스크립트와 같은 도구가 도와주어야 하는데, Django에서는 아주 편하게도 파이썬으로부터 바로 데이터를 넘겨받을 수 있도록 하는 템플릿 태그가 있습니다. 템플릿 태그는 {}로 감싸는 형태로 생겼는데, 이 안에 데이터를 넣을 수도 있고 심지어 for나 if와 같은 파이썬의 기본적인 구문도 사용할 수 있어 쓰면 쓸수록 아주 편한 기능이라고 할 수 있습니다.

2.5 Django View, URL 알아보기

Django의 마지막 구성 요소인 View와 URL에 대해 알아보겠습니다.

2.5.1 Django View란

장고의 뷰는 템플릿과 모델 사이를 이어주는 다리와 같은 역할을 합니다. 아주 단편적인 역할만 보자면 뷰는 모델을 통해 데이터에 접근하여 템플릿으로부터 요청 받은 데이터를 뽑아와 템플릿에게 답변으로 보내줍니다. 앞서 1장에서 배웠던 프론트엔드와 백엔드의 요청/응답 개념과 함께 이해하면 좋습니다. 프론트엔드가 백엔드에게 데이터를 요청했을 때 백엔드에서 데이터를 뽑아서 프론트엔드에게 제공해 주는 과정을 뷰가 처리하고 있다고 이해하면 되겠습니다.

장고에서 제일 핵심이 모델이었다면 코드에서 제일 많은 비중을 차지하는 것은 뷰입니다. 그만큼 뷰를 만드는 방법은 다양합니다. 가장 크게 나누면 함수형 뷰와 클래스형 뷰로 나눠볼 수 있습니다. 클래스형 뷰는 DRF를 할 때 알아보도록 하고, 이번 장에서는 뷰의 개념을 익히기 위해 쉬운 함수형 뷰 형태로 작성해 보겠습니다.

이제 기능 개발의 마지막 단계이자 프론트엔드가 백엔드에게 데이터를 요청하도록 도와주는 URL에 대해 알아보겠습니다.

2.5.2 Django URL이란

URL^{Uniform Resource Locator}은 낯선 단어가 아닙니다. 우리가 웹 브라우저에서 특정 웹 사이트로 이동하기 위해 어떤 주소를 입력합니다. http 또는 https로 시작하는 주소를 입력하면 해당 웹 사이트가 나타나게 되는데, 이런 주소를 URL이라고 합니다.

장고에서 URL은 이와 크게 다르지 않습니다. 사실 우리가 그동안 웹 브라우저에서 웹 사이트로 이동하기 위해서만 사용했을 뿐 URL은 내부적으로 많은 일을 하고 있었습니다.

URL은 앞서 배운 라우팅의 역할과 동시에 서버로 해당 주소에 할당된 리소스를 요청하는 역할을 합니다. 여기서 리소스는 우리가 웹 브라우저로 보는 HTML 페이지뿐만 아니라, 내부를 채우는 데이터 등을 포함하는 개념입니다.

이제 본격적인 기능들을 하나씩 만들어보겠습니다. 앞서 이미 진행한 모델 ▶ 템플릿 ▶ 뷰 ▶ URL 순서로 작업할 것인데, 이는 개발하면서 본인에게 잘 맞는 직관적인 순서를 따라가면 됩니다.

2.6 서비스 기능 하나씩 구현하기

서비스를 구성하는 기능들을 하나씩 앞서 배운 MTV 패턴으로 구현하겠습니다.

2.6.1 사진 목록 화면 만들기

첫 번째 화면으로 사진 게시물들을 볼 수 있는 메인 목록 화면을 만들어 보겠습니다. 이번 단계에서는 디자인을 고려하지 않고 기본적인 구조만 파악해 보겠습니다.

템플릿

템플릿부터 만들어 보겠습니다. 템플릿은 화면마다 파일 하나씩 만들 것이기 때문에 폴더로 관리하는 것이 좋습니다. 앱마다 템플릿을 정의할 것이기 때문에 photo 폴더 내에 templates라는 폴더(photo/templates)를 만들면 됩니다.

여기서 하나 팁을 드리자면, 나중에 템플릿 파일을 불러 올 때 'my_template.html'과 같은 이름으로 불러오게 됩니다. 지금은 하나의 앱으로만 만들기 때문에 문제 없지만 나중에 여러 앱으로 프로젝트를 구성할 때 이름이 같은 템플릿 파일들이 있다면 내가 방금 불러온 템플릿 파일이 어느 앱의 템플릿 파일인지 헷갈릴 수도 있고, Django에서 충돌이 발생할 수도 있습니다. 따라서 이를 방지하기 위해 templates 폴더 내에 다시 앱 이름으로 폴더를 만들어서 'my_app/my_template.html'처럼 사용하도록 합니다. 그럼 우리 프로젝트에서는 templates 밑에 photo 폴더(photo/templates/photo)를 만들면 되겠네요.

> ∨ 📁 templates / photo

이제 정말 템플릿 파일을 만들 것입니다. photo/templates/photo 폴더 내에 photo_list.html 파일을 만들겠습니다. 아래와 같은 코드를 작성하면 되겠습니다.

```html
<html>
  <head>
    <title>Photo App</title>
  </head>
  <body>
    <h1><a href="">사진 목록 페이지</a></h1>
    <section>
      <div>
        <h2>
          <a href="">푸른 언덕</a>
        </h2>
        <img
          src="https://wallpapercave.com/wp/wp2754864.jpg"
          alt="푸른언덕"
          width="300"
        />
        <p>마이크로소프트, 1000원</p>
      </div>
      <div>
        <h2>
          <a href="">푸른 언덕 2</a>
        </h2>
        <img
          src="https://wallpapercave.com/wp/wp2754864.jpg"
          alt="푸른언덕"
          width="300"
        />
        <p>마이크로소프트, 1000원</p>
      </div>
    </section>
  </body>
</html>
```

아주 기본적인 HTML 파일이며, 사진 한 장으로 생각하면 됩니다. 이제 사진을 보여주기 위한 뷰를 만들겠습니다.

뷰

뷰는 데이터베이스에서 데이터를 꺼내 템플릿으로 전달하기도 하지만, 템플릿을 보이게 하는 역할도 수행합니다. 아래와 같은 코드를 photo/views.py 안에 작성하겠습니다.

```python
from django.shortcuts import render

def photo_list(request):
    return render(request, 'photo/photo_list.html', {})
```

우리는 photo_list라는 함수를 만들었습니다. 그 함수는 render를 사용해 photo/photo_list.html을 렌더링, 쉽게 말해 웹에 보여질 수 있도록 가공하여 전달하였습니다. 이렇게 하면 photo_list()라는 함수가 불렸을 때 photo_list.html이 나타나게 됩니다.

render()의 마지막 인자에 {}가 있는데, URL만 만들고 금방 돌아와서 확인해 보도록 하겠습니다.

URL

urls.py는 photo 앱 폴더가 아닌 myweb 프로젝트 폴더 안에 있습니다. 프로젝트 전체의 URL은 myweb/urls.py가 관리하고, 우리는 photo 앱에 대한 URL을 작성할 것이기 때문에 photo 폴더 안에 urls.py를 photo/urls.py가 되도록 만들겠습니다.

photo/urls.py의 내용은 다음과 같이 채워보겠습니다.

```python
from django.urls import path
from . import views

urlpatterns = [
    path('', views.photo_list, name='photo_list'),
]
```

우선 path()는 myweb/urls.py에서 봤던 것과 동일합니다. ''라는 주소는 루트 주소, 즉 "https://127.0.0.1:8000"을 의미하게 되고, views.py를 불러와 photo_list 함수를 부르고 있습니다. photo_list 함수를 불렀으니 photo/photo_list.html 파일이 렌더링 되어 웹 페이지에 잘 나오게 될 것입니다. 정말 마지막 단계로 프로젝트의 urls.py에 방금 만든 photo/urls.py를 등록하겠습니다.

```
from django.contrib import admin
from django.urls import path, include

urlpatterns = [
    path('admin/', admin.site.urls),
    path('', include('photo.urls')),
]
```

이제 다시 runserver 해보겠습니다! 127.0.0.1:8000으로 들어가면 아래와 같은 화면이 나옵니다.

우리가 작업한 의도 그대로 페이지가 잘 나오게 되는 걸 보니 뿌듯하네요. 하지만 아직 만족하기엔 이릅니다. 방금 만든 화면은 모델과 연결되어 있지 않아 실제 데이터를 가져오지 않습니다! 따라서 위의 절차를 다시 따라하면서 수정해보겠습니다.

템플릿

템플릿에서 뷰로부터 데이터를 받아오려면 템플릿 태그를 활용해야 합니다. 템플릿 태그는 위에서 말했던 것처럼 {}를 사용하며 조건문, 반복문까지 HTML 위에 파이썬 문법처럼 활용할 수 있습니다. 우리가 실제로 사진 목록 화면에서 가져올 데이터는 말 그대로 사진 목록이기 때문에, 사진 데이터를 여러 개 가져오게 될 것입니다. 이를 고려해 여러 장의 사진을 반복문 속 태그로 간단히 표현해볼 수 있습니다.

```html
<html>

  <head>
    <title>Photo App</title>
  </head>
  <body>
    <h1><a href="">사진 목록 페이지</a></h1>
    <section>
      {% for photo in photos %}
      <div>
        <h2>
          <a href="">{{ photo.title }}</a>
        </h2>
        <img src="{{ photo.image }}" alt="{{ photo.title }}" width="300" />
        <p>{{ photo.author }}, {{ photo.price }}원</p>
      </div>
      {% endfor %}
    </section>
  </body>
</html>
```

기존에 직접 작성되어 있던 데이터가 변수의 형태로 바뀐 것을 볼 수 있습니다. 사진 여러 장을 photos라는 이름으로 가져와 이를 반복문으로 하나의 photo로 처리해 photo.title, photo.image와 같이 불러왔습니다. 이제 뷰에서 photos라는 데이터를 넘겨주도록 수정하면 됩니다.

뷰

뷰에서 마지막 인자에 있던 {}을 활용하면 템플릿으로 데이터를 보낼 수 있습니다. {} 안에 넣고자 하는 데이터를 데이터의 이름과 함께 보내주면 됩니다. 그전에 모델에서 데이터를 꺼내와야 할텐데, 이는 Django에서 제공하는 강력한 ORM[Object Relational Mapping] 기능을 활용하여 쉽게 진행할 수 있습니다. Django는 ORM 기능을 통해 파이썬 문법으로 데이터베이스 쿼리를 실행하는 것과 동일한 효과를 갖도록 합니다. 자세한 내용은 DRF에서 알아보고, 일단 기본적인 기능을 사용해 보겠습니다.

```python
from django.shortcuts import render
from .models import Photo

def photo_list(request):
    photos = Photo.objects.all()
    return render(request, 'photo/photo_list.html', {'photos': photos})
```

Photo.objects.all()을 통해 Photo 모델 데이터를 모두 가져왔고, 이를 {}에 넣어서 템플릿으로 전달하였습니다. 템플릿은 전달받은 photos를 앞에서 봤듯 템플릿 태그와 함께 사용할 것입니다.

이제 다시 실행시켜보면 사진이 1장만 나오게 됩니다! 우리가 관리자 페이지에서 사진을 한 장만 넣은 기억이 있네요. 관리자 페이지로 가서 사진을 몇 개 추가하고 다시 확인해 봅시다.

관리자 페이지에서 등록한 사진들이 잘 나오는 것을 확인할 수 있습니다. 드디어 기능 하나를 마쳤군요! 나머지 기능들도 비슷한 방식으로 개발할 수 있으니 이제 반복 학습하는 느낌으로 빠르게 가보겠습니다.

2.6.2 사진 게시물 보기 화면 만들기

이제 사진 제목을 눌렀을 때 각 사진에 대한 세부 정보 페이지를 만들어보겠습니다. 마찬가지의 단계를 거쳐보겠습니다.

템플릿

photo/templates/photo 안에 photo_detail.html 파일을 아래와 같이 만들겠습니다. 앞서 만든 목록 화면과 많이 비슷한 것을 알 수 있습니다.

```html
<html>
  <head>
    <title>Photo App</title>
  </head>
  <body>
    <h1>{{ photo.title }}</h1>
    <section>
      <div>
        <img src="{{ photo.image }}" alt="{{ photo.title }}" width="300" />
        <p>{{ photo.description }}</p>
        <p>{{ photo.author }}, {{ photo.price }}원</p>
      </div>
    </section>
  </body>
</html>
```

사진 모델 자체가 워낙 간단하기 때문에 세부 화면이라고 했지만 description 하나 추가되었네요. 만약 욕심이 난다면 모델에 다른 속성을 추가해서 세부 화면을 자유롭게 꾸며보면 됩니다.

뷰

템플릿 다음은 뷰였죠! 역시 일단 views.py에 함수를 추가하는 것으로 시작하겠습니다.

```python
from django.shortcuts import render, get_object_or_404

def photo_detail(request, pk):
    photo = get_object_or_404(Photo, pk=pk)
    return render(request, 'photo/photo_detail.html', {'photo': photo})
```

새로 나온 get_object_or_404()는 모델로부터 데이터를 찾아보고 만약 찾는 데이터가 없다면 404 에러를 반환하는 함수입니다. 이를 통해 찾는 데이터가 없는 경우에 대한 에러 처리를 Django가 알아서 할 수 있도록 합니다. 위 코드에서는 pk, 즉 우리 모델의 데이터들을 구분하는 Django의 기본 ID 값으로 데이터를 찾습니다.

그렇게 찾은 photo 데이터를 마찬가지로 photo_detail.html에게 보내줍니다.

URL

이제 마지막 단계인 URL입니다! photo/urls.py에 아래 코드를 추가합시다.

```python
from django.urls import path
from . import views

urlpatterns = [
    path('', views.photo_list, name='photo_list'),
    path('photo/<int:pk>/', views.photo_detail, name='photo_detail'),
]
```

여기서 부분은 pk라는 이름의 정수형 변수가 들어갈 자리라는 것을 의미합니다. pk는 앞서 말했듯 Django 모델의 기본 ID 값이기 때문에 이 값으로 데이터를 유일하게 구분할 수 있습니다.

URL을 추가하였기 때문에 템플릿에 이 내용을 반영해 주겠습니다! 메인 화면에서 세부 화면으로 이동할 것이므로 메인 화면인 photo_list.html에 이 URL에 대한 뷰를 설정하면 될 것입니다.

```html
<html>
  <head>
    <title>Photo App</title>
  </head>
  <body>
    <h1><a href="">사진 목록 페이지</a></h1>
    <section>
      {% for photo in photos %}
      <div>
        <h2>
          <a href="{% url 'photo_detail' pk=photo.pk %}">{{ photo.title }}</a>
        </h2>
        <img src="{{ photo.image }}" alt="{{ photo.title }}" width="300" />
```

```
      <p>{{ photo.author }}, {{ photo.price }}원</p>
    </div>
    {% endfor %}
  </section>
  </body>
</html>
```

다시 runserver를 하거나 실행 중이었다면 웹 브라우저를 새로고침하여 확인해 보겠습니다. 메인 화면
에서 사진 제목을 클릭하면 아래처럼 화면이 이동됩니다.

2.6.3 사진 게시물 작성 기능 만들기

이번에는 사진 게시물을 사용자가 직접, 즉 관리자 페이지를 거치지 않고 작성할 수 있도록 하는 게시
물 작성 기능을 만들어보겠습니다. 게시물을 작성하는 단계에서는 폼이라고 하는 기능을 추가적으로
배워보겠습니다.

템플릿

우선 photo/templates/photo/photo_post.html을 다음과 같이 만들겠습니다.

```
<html>
  <head>
    <title>Photo App</title>
  </head>
  <body>
    <h1><a href="/">홈으로 돌아가기</a></h1>
```

```
    <div>
    <section>
        <h2>New Photo</h2>
        <form method="POST">
            {% csrf_token %} {{ form.as_p }}
            <button type="submit">완료!</button>
        </form>
    </div>
    </section>
  </body>
</html>
```

폼은 사용자가 데이터를 입력하여 서버로 보내도록 도와주는 양식입니다. 사용자는 이 양식을 채워서 POST 방식으로 요청을 보내면 서버에서는 해당 요청을 받아 처리하게 됩니다.

여기서 csrf_token이란, 글을 입력하는 폼에 악의적인 코드가 숨겨 있어 사용자가 원하지 않는 글을 작성하도록 하는 보안 취약점을 방지하기 위한 보안 토큰입니다. 사용자의 세션에 있는 토큰과 요청으로 들어온 토큰이 일치하는지 확인하여 해당 취약점을 방지할 수 있는데, 깊게 이해하기엔 어려우니 POST 요청의 보안을 지켜주는 도구라고만 생각합시다.

그리고 form.as_p라는 것도 작성되어 있는데, 이것은 우리가 만들 form을 태그 형식으로 만들어주겠다는 것입니다. 그럼 자연스럽게 다음 단계로 폼을 만들어보겠습니다.

폼

폼은 photo 앱 폴더 내에 forms.py 파일을 추가하여 만듭니다. 다음과 같이 내용을 작성합니다.

```python
from django import forms
from .models import Photo


class PhotoForm(forms.ModelForm):
    class Meta:
        model = Photo
        fields = (
            'title',
            'author',
```

```
            'image',
            'description',
            'price',
        )
```

앞서 모델을 만들 때와 조금 비슷한데, django의 기본 ModelForm을 상속받아 아래의 필드 값을 입력
으로 받는 폼을 PhotoForm 클래스로 만들었습니다. 이제 이 폼이 어떻게 동작할지 알아보기 위해 다
음 단계로 넘어가겠습니다.

뷰

뷰에 마찬가지로 photo_post()라는 함수를 만들어보겠습니다.

```python
from django.shortcuts import render, get_object_or_404, redirect
from .models import Photo
from .forms import PhotoForm

def photo_post(request):
    if request.method == "POST":
        form = PhotoForm(request.POST)
        if form.is_valid():
            photo = form.save(commit=False)
            photo.save()
            return redirect('photo_detail', pk=photo.pk)
    else:
        form = PhotoForm()
    return render(request, 'photo/photo_post.html', {'form': form})
```

뷰에 꽤 많은 변화가 있었는데, 일단은 redirect를 새롭게 사용하고 있습니다. 이는 말 그대로 리다이렉
트, 다시 다른 페이지로 이동시켜주는 함수입니다. 또한 아까 만든 PhotoForm 클래스를 가져옵니다.

photo_post() 함수에는 꽤 많은 내용이 들어갑니다. 복잡해 보이지만 하나하나 천천히 살펴보겠습니다.

우선 조건문으로 들어온 요청이 POST인지 확인합니다. 우리가 일반적으로 웹 브라우저에서 페이지
로 접속하는 요청은 GET 요청이기 때문에 POST 요청을 보낸다는 것은 아까 만든 템플릿의 폼에 있
는 버튼이 눌렸다는 뜻입니다. 즉, 사용자가 사진 게시물을 만들어 올리겠다는 뜻이죠. 이때 요청으
로 들어온 폼 데이터를 form이라는 변수에 받아와 폼에 맞춰 잘 작성된 데이터인지 검사합니다. 이는
Django에서 제공해 주는 기능입니다.

검사 결과 잘 작성되었다면 photo라는 변수에 form에서 나온 데이터를 받아와 photo.save()로 저장해 줍니다. 놀랍게도 이 과정만으로 데이터베이스에 해당 데이터가 저장됩니다. 저장까지 마쳤으면 해당 게시글의 세부 페이지로 이동시켜줍니다. 새롭게 저장된 photo의 pk로 말이죠.

만약 POST 요청이 아니었다면 새롭게 해당 페이지로 들어온 사용자일테니 폼을 제공하여 맞이합니다. form을 선언하고, 마지막 줄의 render() 함수로 아까 만든 템플릿과 form을 넘겨주어 사용자가 입력할 수 있는 화면을 보여줍니다.

검사 결과 잘 작성되지 않은 경우를 빼먹었네요! 이 경우에도 조건문 분기를 살펴보면 redirect()로 가지 않고 맨 밑에 있는 render()로 가게 됩니다. 따라서 검사 결과 잘 작성되지 않은 폼의 경우 다시 작성하라는 뜻에서 빈 폼 페이지를 다시 보여주게 될 것입니다.

URL

이제 URL을 설정하고 템플릿에서 사진 게시글 추가를 위한 링크 설정을 할 차례입니다. 슬슬 끝나간다는 얘기입니다.

photo/urls.py를 열어 아래처럼 URL을 추가합니다.

```
urlpatterns = [
    path('', views.photo_list, name='photo_list'),
    path('photo/<int:pk>/', views.photo_detail, name='photo_detail'),
    path('photo/new/', views.photo_post, name='photo_post'),
]
```

URL은 간단하네요. 이제 템플릿을 수정하며 마무리 해보겠습니다. 새로운 사진 게시물을 작성하기 위한 링크는 메인 화면에 있는게 좋겠습니다. photo_list.html을 열어 다음 내용을 추가합니다.

```
<html>
  <head>
    <title>Photo App</title>
  </head>
  <body>
    <h1><a href="">사진 목록 페이지</a></h1>
    <h3><a href="{% url 'photo_post' %}">New Photo</a></h3>
    <section>
      {% for photo in photos %}
```

```
    <div>
      <h2>
        <a href="{% url 'photo_detail' pk=photo.pk %}">{{ photo.title }}</a>
      </h2>
      <img src="{{ photo.image }}" alt="{{ photo.title }}" width="300" />
      <p>{{ photo.author }}, {{ photo.price }}원</p>
    </div>
    {% endfor %}
  </section>
  </body>
</html>
```

이제 모든 과정이 마무리되었습니다! 웹 브라우저에서 확인해 보겠습니다.

이렇게 메인 화면에 New Photo 링크가 생겼고, 폼 입력 화면이 나오게 됩니다.

내용을 채워보겠습니다.

내용을 다 채운 다음 '완료!'를 누르면 다음과 같이 사진이 새로 등록되면서 해당 사진에 대한 세부 화면이 나오는 것을 확인할 수 있습니다.

폼을 활용한 사진 게시물 작성 기능이 완료되었습니다. 조금 복잡했지만 그래도 잘 해냈습니다. 이제 마지막 기능인 게시물 수정 기능을 만들겠습니다.

2.6.4 사진 게시물 수정 기능 만들기

게시물 수정 기능은 게시물 작성 기능과 상당 부분 겹치고 비슷합니다. 빈 폼에 새로 입력받는 것이라면 작성, 기존 데이터가 폼에 있는 상태에서 입력하는 것은 수정입니다. 그럼 기능을 구현해 보도록 하겠습니다.

템플릿

수정 기능은 작성 기능과 템플릿이 동일합니다. 비워져있는 폼에 데이터만 채우면 수정 기능이 되기 때문에 템플릿은 별도로 작성할 필요 없이 기존 photo_post.html을 그대로 이용하겠습니다.

뷰

뷰 역시 작성 기능과 유사합니다. 다만 몇 가지 다른 부분이 있는데, 코드를 먼저 살펴보겠습니다.

```python
def photo_edit(request, pk):
    photo = get_object_or_404(Photo, pk=pk)
    if request.method == "POST":
        form = PhotoForm(request.POST, instance=photo)
        if form.is_valid():
            photo = form.save(commit=False)
            photo.save()
            return redirect('photo_detail', pk=photo.pk)
    else:
        form = PhotoForm(instance=photo)
    return render(request, 'photo/photo_post.html', {'form': form})
```

해당 함수의 흐름을 알아보면, 먼저 수정할 대상을 pk로 찾아옵니다. 여기서 세부 화면을 만들 때 사용했던 get_object_or_404()를 다시 사용하네요.

이후 흐름에서는 작성 기능과 상당히 비슷합니다. 들어온 요청이 POST인지 GET인지 판단하여 수정을 의미하는 POST 요청이 들어왔을 때 폼으로 전달된 데이터를 판단하게 됩니다. 이때 PhotoForm의 instance를 photo로 설정해 주어 수정 대상이 될 데이터를 설정합니다. GET 요청이 들어오더라도 photo 데이터를 폼에 담아서 photo_post.html에 넘겨주어 기존 데이터를 수정할 수 있도록 처리해줍니다.

URL

URL은 아래와 같이 추가하겠습니다.

```python
urlpatterns = [
    path('', views.photo_list, name='photo_list'),
    path('photo/<int:pk>/', views.photo_detail, name='photo_detail'),
    path('photo/new/', views.photo_post, name='photo_post'),
    path('photo/<int:pk>/edit/', views.photo_edit, name='photo_edit'),
]
```

마찬가지로 pk 값을 URL에 넣어 구분하는 것을 확인할 수 있습니다.

이제 템플릿에 수정 기능 링크를 넣어야 하는데, 수정 기능은 세부 화면에 있는게 좋을 것 같네요. photo_detail.html을 열어 아래와 같이 고치겠습니다.

```html
<html>
  <head>
    <title>Photo App</title>
  </head>
  <body>
    <h1>{{ photo.title }}</h1>
    <h3><a href="{% url 'photo_edit' pk=photo.pk %}">Edit Photo</a></h3>
    <section>
      <div>
        <img src="{{ photo.image }}" alt="{{ photo.title }}" width="300" />
        <p>{{ photo.description }}</p>
        <p>{{ photo.author }}, {{ photo.price }}원</p>
      </div>
    </section>
  </body>
</html>
```

이제 다시 실행하고 사진을 하나 선택해서 들어가면 다음과 같이 나옵니다.

여기서 Edit Photo 링크를 누르면 아래 사진처럼 폼에 기존 데이터가 작성되어 있는 상태로 나옵니다.

그러면 금액을 10000원으로 수정하고 완료를 누르겠습니다.

완료를 누르면 해당 사진의 세부 화면으로 넘어오며 금액이 수정된 것을 볼 수 있습니다.

2.6.5 예시 마무리 하기

Django의 기본적인 구조를 모두 배워보았습니다. 다루지 않은 기능이 많지만, Django로 웹을 개발할 때 알아야 할 구조와 기본기는 모두 배우게 된 것 같습니다. 만약 진도가 너무 빨라 이해가 잘 되지 않았다면, 위의 예제를 몇 번 더 반복해 보세요! 때론 반복하여 같은 예제를 만들어보는 것이 구조를 익히는데 도움이 될 수 있습니다.

Django로 Todo 목록 웹 서비스 만들기

3.1 Todo 목록 웹 서비스 시작하기

Django를 활용해 가장 기본적이며 중요한 Todo 목록 웹 서비스 예제를 본격적으로 만들어보겠습니다.

3.1.1 프로젝트 기능 정리하기

Todo 목록 서비스는 모든 프레임워크를 공부할 때 가장 대표적으로 개발하는 예제입니다. 이른바 CRUD로 불리는, 데이터 관련 처리 기본 기능을 모두 포함하고 있으며 직관적이고 간단하기 때문입니다.

> **NOTE**
>
> CRUD는 Create, Read, Update, Delete의 약자입니다.

우리는 앞서 배운 Django를 활용해 Todo 목록 웹 서비스를 개발할 것이며, 이후 DRF를 공부한 다음에 똑같은 프로젝트를 DRF 버전으로 개발해볼 것입니다. 어떤 부분에서 차이가 발생하는지 비교하며 공부하기 쉬운 구조입니다. 따라서 지금 개발할 Django 기반 Todo 목록 웹 서비스를 제대로 만들어 놓는다면 이후 DRF를 공부할 때 도움이 많이 될 것입니다.

우리가 개발할 Todo 서비스를 미리보면 다음과 같습니다.

DONE 목록

홈으로

화분에 물 주기
운동하기
쓰레기 버리기 ❗
장고 공부하기 ❗

3.1.2 프로젝트 생성하기

앞서 프로젝트를 생성했던 것처럼 동일하게 프로젝트를 생성하겠습니다.

가상 환경 세팅

```
~/Projects/DRF-Projects/03_장고Todo $ python3 --version        # Python 3.9.0 이라고 나오는지 확인
~/Projects/DRF-Projects/03_장고Todo $ python3 -m venv myvenv # 나만의 가상 환경 myvenv 생성
~/Projects/DRF-Projects/03_장고Todo $ source myvenv/bin/activate # myvenv를 실행(활성화)
(myvenv) ~/Projects/DRF-Projects/03_장고Todo $ # 설정 완료!
```

장고 설치

```
(myvenv) ~/Projects/DRF-Projects/03_장고Todo $ pip install django~=3.2.10
```

장고 프로젝트 생성

```
(myvenv) ~/Projects/DRF-Projects/03_장고Todo $ django-admin startproject mytodo .
# .을 빼먹지 않도록 주의하세요! .은 현재 위치에 프로젝트를 만들라는 뜻입니다.
```

todo 앱 생성

```
(myvenv) ~/Projects/DRF-Projects/03_장고Todo $ python manage.py startapp todo
```

3.1.3 Todo 프로젝트 설정하기

본격적으로 개발에 들어가기 앞서 기본적인 설정을 먼저 진행하겠습니다. 우선 앞서 todo 앱을 생성했으므로 settings.py에 앱을 추가하겠습니다. 또한 다른 기본 설정값도 적용하겠습니다.

```
...

ALLOWED_HOSTS = ['127.0.0.1']

# Application definition

INSTALLED_APPS = [
```

```
    'django.contrib.admin',
    'django.contrib.auth',
    'django.contrib.contenttypes',
    'django.contrib.sessions',
    'django.contrib.messages',
    'django.contrib.staticfiles',
    'todo',
]

...

TIME_ZONE = 'Asia/Seoul'
```

그리고 이후 개발에 필요한 파일들을 미리 만들어놓겠습니다.

1. todo 앱 폴더 안에 templates 폴더를 만들고 그 안에 다시 todo 폴더를 생성합니다.
2. todo 앱 폴더 안에 forms.py, models.py, urls.py를 생성합니다.

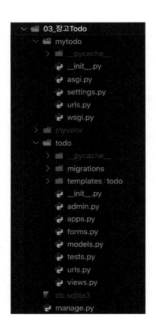

마지막으로 관리자 계정을 생성하겠습니다.

```
(myvenv) ~/Projects/DRF-Projects/03_장고Todo $ python manage.py createsuperuser
```

3.1.4 Todo 모델 생성하기

프로젝트의 첫 단계는 언제나 모델을 생성하는 것입니다. 우리가 만들 Todo 모델은 간단합니다. 필요한 필드를 생각해 보면 다음과 같이 정리할 수 있습니다.

> **title** : Todo의 제목
> **description** : Todo에 대한 설명
> **created** : Todo 생성 일자
> **complete** : Todo 완료 여부
> **important** : Todo 중요 여부

만들고자 하는 서비스에 따라 다양한 필드를 추가할 수 있겠지만, 우리는 간단히 이 정도의 필드를 가진 모델을 만들어보겠습니다.

위와 같이 생각한 모델을 구현한 결과는 다음과 같습니다.

```python
# todo/models.py
from django.db import models


# Create your models here.
class Todo(models.Model):
    title = models.CharField(max_length=100)
    description = models.TextField(blank=True)
    created = models.DateTimeField(auto_now_add=True)
    complete = models.BooleanField(default=False)
    important = models.BooleanField(default=False)

    def __str__(self):
        return self.title
```

앞선 예시에서 사용했던 것처럼 생성일은 자동으로 추가되도록 설정하였습니다. 그리고 당연하게도 코드로 선언되어 있지는 않지만 Django가 기본으로 제공하는 pk인 id 필드도 포함되어 있음을 염두에 두어야 합니다. 우리는 이후 id 값을 pk로 활용하여 Todo 데이터를 구분할 예정입니다.

이제 모델에 대한 마이그레이션을 진행하겠습니다. 프로젝트 생성 후 최초의 마이그레이션이므로 기본 모델까지 마이그레이션 될 수 있도록 앱을 지정하지 않겠습니다.

```
(myvenv) ~/Projects/DRF-Projects/03_장고Todo $ python manage.py makemigrations
(myvenv) ~/Projects/DRF-Projects/03_장고Todo $ python manage.py migrate
```

모델을 만들었으니 관리자 페이지에서 확인할 수 있어야 할 것입니다. todo/admin.py에서 Todo 모델을
등록합니다.

```
# todo/admin.py
from django.contrib import admin
from .models import Todo

# Register your models here.
admin.site.register(Todo)
```

관리자 페이지에 접속하려면 url이 설정되어야 합니다. mytodo/urls.py에서 path가 잘 설정되어 있는지
확인합니다.

```
# mytodo/urls.py
from django.contrib import admin
from django.urls import path, include

urlpatterns = [
    path('admin/', admin.site.urls),
]
```

이제 본격적으로 기능을 구현할 준비가 되었습니다.

3.2 Todo 전체 조회 기능 만들기

첫 번째 기능은 Todo 전체 조회 기능입니다.

3.2.1 Todo 전체 조회 기능 컨셉

첫 번째 기능은 Todo 목록을 조회하는 기능입니다. Todo 목록 웹 서비스를 개발하고 있으니 첫 페이
지의 화면은 Todo 목록을 포함하고 있어야 할 것입니다. 이때 완료되지 않은, 진행중인 Todo만 보여주
고 완료된 Todo는 다른 페이지에서 보여주면 좀 더 좋은 서비스가 될 것 같습니다. 따라서 첫 번째 페
이지인 Todo 전체 조회 기능에서는 완료되지 않은 Todo만 보여주도록 구현하겠습니다.

3.2.2 Bootstrap으로 좀 더 멋진 템플릿 만들기

앞서 사진 목록 웹 서비스를 만들때는 특별히 꾸미는 작업을 하지 않았습니다. 그 덕분에 금방 프로젝트를 끝낼 수 있었지만 그만큼 못생긴 웹 페이지가 탄생했습니다. 꾸미는 작업은 시간을 들일수록 좋은 결과물을 만들어내지만 우리는 Django를 공부하는 게 주목적이므로 최소한의 노력으로 적절한 수준의 결과물을 만들고 싶습니다. 이때 CSS 프레임워크의 도움을 받을 수 있으며, 그중에서도 이번 시간에는 Bootstrap의 도움을 받아보겠습니다.

Bootstrap은 가장 유명하고 오래된 CSS 프레임워크입니다. 미리 스타일이 정의되어 있으며, 사용법이 간단하고 정갈한 결과물이 만들어지기 때문에 지금처럼 간단하게 꾸미고 싶은 경우 유용하게 활용할 수 있습니다.

사용법은 템플릿을 직접 만들며 바로 확인해 보겠습니다.

3.2.3 Todo 전체 조회 템플릿 만들기

작업 순서는 앞선 예제와 동일하게 템플릿 ▶ 뷰 ▶ url 순서로 진행하겠습니다. 템플릿은 todo/templates/todo 폴더 안에서 작성할 수 있으며, 파일명은 todo_list.html로 하겠습니다. 내용은 다음과 같이 작성합니다.

```html
<html>
  <head>
    <title>TODO 목록 앱</title>
    <link
      rel="stylesheet"
      href="https://maxcdn.bootstrapcdn.com/bootstrap/4.0.0/css/bootstrap.min.css"
    />
    <link rel="stylesheet" href="https://cdn.jsdelivr.net/npm/bootstrap-icons@1.7.1/font/boot-
strap-icons.css">
  </head>
  <body>
  <div class="container">
    <h1>TODO 목록 앱</h1>
    <p>
      <a href=""><i class="bi-plus"></i>Add Todo</a>
      <a href="" class="btn btn-primary" style="float:right">완료한 TODO 목록</a>
    </p>
    <ul class="list-group">
```

```
    {% for todo in todos %}
    <li class="list-group-item">
      <a href="">{{ todo.title }}</a>
      {% if todo.important %}
        <span class="badge badge-danger">!</span>
      {% endif %}
      <div style="float:right">
        <a href="" class="btn btn-danger">완료</a>
        <a href="" class="btn btn-outline-primary">수정하기</a>
      </div>
    </li>
    {% endfor %}
  </ul>
  </body>
  </div>
</html>
```

Bootstrap을 적용한 부분이 보이나요? 전반적인 골격은 앞에서 작성한 기본 템플릿과 동일하지만 크게 보면 두 가지 차이점이 있습니다.

1. ⟨head⟩ 안에 ⟨link⟩ 태그가 있고 여기에서 Bootstrap을 불러온다.
2. 각 태그마다 class라는 것을 작성하고 있다.

먼저 1번은 Bootstrap을 사용하기 위해 불러오는 코드입니다. Bootstrap을 사용하기 위한 방법은 두 가지인데, 첫 번째 방법은 Bootstrap 홈페이지에서 css 파일들을 받아와 프로젝트 폴더에 집어넣는 방식이고, 두 번째 방식은 웹 링크 형태로 제공되는 css 파일을 가져다 쓰도록 참조시키는 방식입니다. 성능 면에서는 당연히 프로젝트 폴더에 함께 놓는 것이 좋겠지만 간단하게 적용할 때는 웹 링크 방식으로 연결시키는 것이 좋습니다. 이런 방식을 cdn 방식이라고 하며 우리는 이런 방식으로 Bootstrap을 불러오고 있습니다.

2번은 Bootstrap의 실제 사용법을 적용한 것입니다. Bootstrap은 결국 미리 작성된 CSS이므로, CSS의 기본 작성 단위인 class를 따르고 있습니다. class를 통해 Bootstrap에서 작성한 스타일을 각 태그마다 적용하고 있으며 이 class 이름은 Bootstrap이 미리 정의해놓은 값입니다. 따라서 원하는 스타일을 적용하기 위해선 Bootstrap 홈페이지의 공식 문서를 참고하는 것이 좋습니다.

템플릿 자체는 아주 간단합니다. todos를 넘겨받아 반복문으로 각 todo의 제목, 중요도, 그리고 완료 및 수정 기능을 한 줄로 표현하고 있습니다. 또한 상단에는 Todo를 추가할 수 있는 링크와 완료된 Todo 목록을 볼 수 있는 링크 내용이 있습니다. 지금은 아무 값도 넣지 않았기 때문에 동작하지 않겠지만 앞으로 프로젝트를 진행하면서 각 링크 및 버튼들이 실제 동작할 수 있게 할 예정입니다.

3.2.4 Todo 전체 조회 뷰 만들기

다음 단계는 뷰 만들기입니다. Todo 데이터를 템플릿으로 넘겨주는 기능을 갖고 있습니다. 이때 완료되지 않은 Todo만 전달해야 하기 때문에 complete=False 옵션으로 필터링해야 합니다. 필터링은 Todo.objects.filter로 처리할 수 있습니다. todo_list 뷰를 작성하면 다음과 같습니다.

```
# todo/views.py
from django.shortcuts import render, redirect
from .models import Todo


def todo_list(request):
    todos = Todo.objects.filter(complete=False)
    return render(request, 'todo/todo_list.html', {'todos': todos})
```

3.2.5 Todo 전체 조회 URL 연결하기

마지막 단계는 url을 연결하는 것입니다. 우리는 메인 페이지에서 Todo 목록을 보여줄 것이기 때문에 주소에 todo_list 뷰를 연결하겠습니다. todo/urls.py에 아래 내용을 작성하겠습니다.

```
# todo/urls.py
from django.urls import path
from . import views

urlpatterns = [
    path('', views.todo_list, name='todo_list'),
]
```

또한 앞서 작성한 todo 앱 url을 프로젝트 url에 연결해야 합니다. mytodo/urls.py에 todo.urls를 다음과 같이 연결합니다.

```
# mytodo/urls.py
from django.contrib import admin
from django.urls import path, include

urlpatterns = [
    path('admin/', admin.site.urls),
    path('todo/', include('todo.urls')),
]
```

첫 번째 기능인 Todo 전체 조회 기능이 구현 완료되었습니다!

3.3 Todo 상세 조회 기능 만들기

Todo 상세 조회 기능을 개발해 보겠습니다.

3.3.1 Todo 상세 조회 기능 컨셉

다음으로 개발할 기능은 Todo 상세 조회 기능입니다. 상세 조회 기능은 Todo를 선택했을 때 조회할 수 있는 기능으로, Todo 제목과 설명을 나타내도록 구현할 것입니다.

3.3.2 Todo 상세 조회 템플릿 만들기

첫 단계는 템플릿입니다. 앞서 만들었던 템플릿과 동일하게 Bootstrap을 활용해 스타일을 적용할 것입니다. Todo 제목과 설명을 보여주도록 할 것이며 목록으로 다시 돌아갈 수 있도록 버튼을 만들겠습니다. 파일명은 todo_detail.html로 하겠습니다.

```
<html>
  <head>
    <title>TODO 목록 앱</title>
    <link
      rel="stylesheet"
      href="https://maxcdn.bootstrapcdn.com/bootstrap/4.0.0/css/bootstrap.min.css"
    />
    <link rel="stylesheet" href="https://cdn.jsdelivr.net/npm/bootstrap-icons@1.7.1/font/boot-
strap-icons.css">
  </head>
  <body>
```

```html
<div class="container">
  <h1>TODO 상세보기</h1>
  <div class="container">
    <div class="row">
      <div class="col-md-12">
        <div class="card">
          <div class="card-body">
            <h5 class="card-title">{{ todo.title }}</h5>
            <p class="card-text">{{ todo.description }}</p>
            <a href="{% url 'todo_list' %}" class="btn btn-primary">목록으로</a>
          </div>
        </div>
      </div>
    </div>
  </div>
</body>
</div>
</html>
```

3.3.3 Todo 상세 조회 뷰 만들기

다음 단계는 뷰입니다. 선택된 Todo의 pk인 id를 기반으로 Todo 객체를 찾아 todo_detail.html로 전달할 수 있도록 작성하고, todo_list.html의 버튼에 링크를 넣겠습니다.

```python
# todo/views.py
from django.shortcuts import render, redirect
from .models import Todo


def todo_list(request):
    ...


def todo_detail(request, pk):
    todo = Todo.objects.get(id=pk)
    return render(request, 'todo/todo_detail.html', {'todo': todo})
```

```html
<a href="{% url 'todo_detail' pk=todo.pk %}">{{ todo.title }}</a>
```

3.3.4 Todo 상세 조회 URL 연결하기

마지막으로 url을 연결하겠습니다. url은 /pk/로 설정하여 해당 Todo를 연결할 수 있도록 하겠습니다.

```
# todo/urls.py
from django.urls import path
from . import views

urlpatterns = [
    path('', views.todo_list, name='todo_list'),
    path('<int:pk>/', views.todo_detail, name='todo_detail'),
]
```

3.4 Todo 생성 기능 만들기

다음은 Todo 생성 기능을 개발해 보겠습니다.

3.4.1 Todo 생성 기능 컨셉

이번에는 Todo 생성 기능입니다. Todo 생성은 제목, 설명, 중요도를 입력해야 하기 때문에 입력 폼이 필요합니다. 따라서 아까 미리 만들어놓은 todo/forms.py의 내용을 작성할 것입니다.

3.4.2 Todo 생성 템플릿 만들기

todo/forms.py에는 다음과 같이 내용을 작성할 수 있습니다.

```
# todo/forms.py
from django import forms
from .models import Todo


class TodoForm(forms.ModelForm):
    class Meta:
        model = Todo
        fields = ('title', 'description', 'important')
```

폼을 활용하여 템플릿을 작성하겠습니다. 앞서 만든 폼을 form.as_p의 형태로 작성하면 태그 꼴로 템플릿에 폼이 생성됩니다. 파일명은 todo_post.html로 하겠습니다.

```html
<html>
  <head>
    <title>TODO 목록 앱</title>
    <link
      rel="stylesheet"
      href="https://maxcdn.bootstrapcdn.com/bootstrap/4.0.0/css/bootstrap.min.css"
    />
    <link rel="stylesheet" href="https://cdn.jsdelivr.net/npm/bootstrap-icons@1.7.1/font/boot-
strap-icons.css">
  </head>
  <body>
  <div class="container">
    <h1>TODO 추가하기</h1>
    <div class="container">
      <div class="row">
        <div class="col-md-12">
          <div class="card">
            <div class="card-body">
              <form method="POST">
                {% csrf_token %} {{ form.as_p }}
                <button type="submit" class="btn btn-primary">등록</button>
              </form>
            </div>
          </div>
        </div>
      </div>
    </div>
  </div>
  </body>
</html>
```

{% csrf_token %}을 놓치지 않도록 조심하세요.

3.4.3 Todo 생성 뷰 만들기

뷰를 작성해 보겠습니다. Todo를 생성하기 위한 뷰는 POST 요청을 처리할 수 있어야 합니다. POST 요청이 들어왔을 때는 폼을 검증하고 데이터를 저장할 수 있도록 하며, GET 요청이 들어왔을 때는 폼을 포함한 템플릿 페이지를 보여주면 됩니다. 다음과 같이 구현할 수 있습니다.

```python
# todo/views.py
from django.shortcuts import render, redirect
from .models import Todo
from .forms import TodoForm


def todo_list(request):
    ...


def todo_detail(request, pk):
    ...


def todo_post(request):
    if request.method == "POST":
        form = TodoForm(request.POST)
        if form.is_valid():
            todo = form.save(commit=False)
            todo.save()
            return redirect('todo_list')
    else:
        form = TodoForm()
    return render(request, 'todo/todo_post.html', {'form': form})
```

그 후 todo_list.html의 버튼에 링크를 넣어주세요.

```html
<a href="{% url 'todo_post' %}"><i class="bi-plus"></i>Add todo</a>
```

GET 요청에 대해, 혹은 POST 요청 중 폼의 값이 유효하지 않을 때 마지막 render가 리턴되는 것을 볼 수 있습니다. 이때 form을 전달하여 템플릿에 폼을 나타내는 것을 알 수 있으며, 정상적인 POST 요청에 대해서는 form 데이터를 불러와 저장하고 있도록 구현할 수 있었습니다.

3.4.4 Todo 생성 URL 연결하기

이제 url을 연결하면 완료됩니다. 생성 url은 post/로 지정하도록 하겠습니다.

```
from django.urls import path
from . import views

urlpatterns = [
    path('', views.todo_list, name='todo_list'),
    path('<int:pk>/', views.todo_detail, name='todo_detail'),
    path('post/', views.todo_post, name='todo_post'),
]
```

3.5 Todo 수정 기능 만들기

Todo 수정 기능을 개발해 보겠습니다.

3.5.1 Todo 수정 기능 컨셉

Todo 수정 기능은 생성 기능과 거의 동일합니다. 생성과의 차이점은 폼에 이미 데이터가 입력되어 있다는 것뿐입니다. 따라서 수정 기능을 만들때는 생성 기능과 동일하게 작성하되, 기존 Todo 데이터를 불러와 함께 템플릿으로 보내는 것만 구현하면 됩니다.

3.5.2 Todo 수정 뷰 만들기

생성과 동일한 템플릿을 사용하므로 템플릿은 따로 작성하지 않아도 됩니다. 또한 폼 역시 마찬가지의 형태일 것이므로 폼도 동일하게 사용하면 됩니다. 바로 뷰를 작성하면 되는데, 뷰에서는 앞서 설명한 것처럼 폼에 기존 Todo 데이터를 전달해야 합니다. 이 부분을 반영하여 작성하면 다음과 같습니다.

```
# todo/views.py
from django.shortcuts import render, redirect
from .models import Todo
from .forms import TodoForm


def todo_list(request):
    ...
def todo_detail(request, pk):
```

```
    ...

def todo_post(request):
    ...

def todo_edit(request, pk):
    todo = Todo.objects.get(id=pk)
    if request.method == "POST":
        form = TodoForm(request.POST, instance=todo)
        if form.is_valid():
            todo = form.save(commit=False)
            todo.save()
            return redirect('todo_list')
    else:
        form = TodoForm(instance=todo)
    return render(request, 'todo/todo_post.html', {'form': form})
```

todo_list.html의 버튼에 링크 추가도 잊지 마세요.

```
<a href="{% url 'todo_post' %}"><i class="bi-plus"></i>Add todo</a>

<a href="{% url 'todo_edit' pk=todo.pk %}" class="btn btn-outline-primary">수정하기</a>
```

기존 Todo를 Todo.objects.get()을 통해 id 값으로 구분하여 가져와 이를 폼에 전달하도록 작성했습니다. 폼에 객체를 전달할 때에는 instance를 통해 전달할 수 있습니다. 그 외 부분은 앞서 작성했던 생성 기능과 동일합니다.

3.5.3 Todo 수정 URL 연결하기

url은 /edit/ 형태로 연결하였습니다.

```
# todo/urls.py
from django.urls import path
from . import views

urlpatterns = [
    path('', views.todo_list, name='todo_list'),
    path('<int:pk>/', views.todo_detail, name='todo_detail'),
```

```
    path('post/', views.todo_post, name='todo_post'),
    path('<int:pk>/edit/', views.todo_edit, name='todo_edit'),
]
```

3.6 Todo 완료 기능 만들기

마지막으로 Todo 완료 기능을 개발해 보겠습니다.

3.6.1 Todo 완료 기능 컨셉

다음은 마지막 기능인 Todo 완료 기능입니다. Todo 완료 기능은 완료 버튼을 눌렀을 때 Todo의
complete을 True로 설정해 주는 기능입니다. 또한 완료 Todo 조회 기능은 완료된 Todo만 필터링하여
볼 수 있도록 하는 기능입니다. 이 두 가지 기능을 작성하며 Todo 프로젝트를 완료하겠습니다.

3.6.2 Todo 완료 템플릿 만들기

템플릿은 기존 Todo 목록 페이지와 유사합니다. Done 목록을 보여주기 위한 템플릿으로 특별히 다른
내용은 없습니다. 파일명은 done_list.html로 하겠습니다.

```html
<html>
  <head>
    <title>TODO 목록 앱</title>
    <link
      rel="stylesheet"
      href="https://maxcdn.bootstrapcdn.com/bootstrap/4.0.0/css/bootstrap.min.css"
    />
    <link rel="stylesheet" href="https://cdn.jsdelivr.net/npm/bootstrap-icons@1.7.1/font/boot-
strap-icons.css">
  </head>
  <body>
  <div class="container">
    <h1>DONE 목록</h1>
    <p>
      <a href="{% url 'todo_list' %}" class="btn btn-primary">홈으로</a>
    </p>
    <ul class="list-group">
```

```
    {% for done in dones %}
    <li class="list-group-item">
      <a href="{% url 'todo_detail' pk=done.pk %}">{{ done.title }}</a>
      {% if done.important %}
        <span class="badge badge-danger">!</span>
      {% endif %}
    </li>
    {% endfor %}
  </ul>
 </div>
 </body>
</html>
```

작성하였다면 역시 todo_list.html의 버튼에 링크를 넣어주세요. 저는 Add todo 버튼 아래에 넣겠습니다.

```
<a href="{% url 'todo_post' %}"><i class="bi-plus"></i>Add todo</a>
<a href="{% url 'done_list' %}" class="btn btn-primary" style="float:right">완료한 TODO 목록
</a>
```

3.6.3 Todo 완료 뷰 만들기

Todo 완료 기능에서 필요한 뷰는 두 가지 입니다. 완료된 목록을 보여주는 기능과 Todo를 완료로 바꿔주는 기능입니다. 각 기능은 간단히 작성할 수 있습니다. 완료된 목록을 보여주는 것은 앞서 todo_list() 뷰와 동일하게 작성되며 complete=True로 필터링하는 것만 다릅니다. Todo를 완료로 바꾸기 위해서는 Todo 객체를 가져와 complete을 True로 설정한 다음 저장하면 됩니다. 이를 기반으로 구현하도록 하겠습니다.

```
from django.shortcuts import render, redirect
from .models import Todo
from .forms import TodoForm


def todo_list(request):
    ...


def todo_detail(request, pk):
    ...
```

```
def todo_post(request):
    ...

def todo_edit(request, pk):
    ...

def done_list(request):
    {% for done in dones %}
    <li class="list-group-item">
      <a href="{% url 'todo_detail' pk=done.pk %}">{{ done.title }}</a>
      {% if done.important %}

def todo_done(request, pk):
    todo = Todo.objects.get(id=pk)
    todo.complete = True
    todo.save()
    return redirect('todo_list')
```

추가한 뷰와 이름이 같은 todo_list.html내 버튼에 링크를 추가해 줍니다.

```
<a href="{% url 'todo_done' pk=todo.pk %}" class="btn btn-danger">완료</a>
<a href="{% url 'todo_edit' pk=todo.pk %}" class="btn btn-outline-primary">수정하기</a>
```

3.6.4 Todo 완료 URL 연결하기

마지막으로 url을 연결하겠습니다. 각각 done/, done// 형태로 지정해 주도록 하겠습니다.

```
# todo/urls.py
from django.urls import path
from . import views

urlpatterns = [
    path('', views.todo_list, name='todo_list'),
    path('<int:pk>/', views.todo_detail, name='todo_detail'),
    path('post/', views.todo_post, name='todo_post'),
    path('<int:pk>/edit/', views.todo_edit, name='todo_edit'),
    path('done/', views.done_list, name='done_list'),
    path('done/<int:pk>/', views.todo_done, name='todo_done'),
]
```

Chapter 4

Django REST Framework 컨셉 익히기

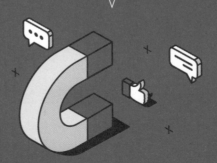

4.1 Django REST Framework 시작하기

이제 책의 핵심인 Django REST Framework를 공부해 보겠습니다. Django와 같이 DRF도 개발하기 전 먼저 기본 개념을 익히겠습니다.

4.1.1 Django REST Framework?

이제 메인 내용인 Django REST Framework을 배워볼 차례입니다. 본격적으로 Django REST Framework를 시작하기에 앞서 Django REST Framework이 무엇을 위해 존재하고 우리는 왜 배워야 하는지 다시 간단하게 정리해 봅시다.

Django REST Framework은 Django를 기반으로 REST API 서버를 만들기 위한 라이브러리입니다. 앞서 1장에서 배웠듯, API는 웹뿐만 아니라 앱과 같은 다양한 플랫폼의 백엔드 서비스를 위해 JSON 과 같은 규격화된 데이터를 제공합니다. 결국 Django REST Framework을 사용하면 기존 자체적인 웹 템플릿에게 바로 데이터를 전달해 주었던 Django 프로젝트에서, JSON과 같은 양식으로 다양한 플랫 폼의 클라이언트에게 데이터를 제공해줄 수 있는 API 서버 프로젝트가 만들어지게 되는 것입니다.

Django REST Framework은 어디까지나 Django를 기반으로 한 라이브러리이기 때문에 전반적으로 Django의 개발 흐름을 따라갑니다. REST API가 되기 위해 달라지는 부분들이 조금 있는데, 이는 이 후 내용을 진행하면서 천천히 알아보도록 하겠습니다.

4.1.2 Django REST Framework 예제 프로젝트 생성

Django REST Framework을 사용할 새로운 프로젝트를 만들어보겠습니다. 앞서 Django를 시작했던 것과 동일하게 가상 환경을 만들고 프로젝트를 생성할 것입니다. 우선 프로젝트 폴더를 만들고, 해당 폴더를 VS Code로 연 다음 새 터미널을 만들고 아래 명령어를 통해 가상 환경까지 만들겠습니다.

```
~/Projects/DRF-Projects/03_HelloDRF $ python3 -m venv myvenv        # 나만의 가상 환경 myvenv 생성
~/Projects/DRF-Projects/03_HelloDRF $ source myvenv/bin/activate    # myvenv를 실행(활성화)
(myvenv) ~/Projects/DRF-Projects/03_HelloDRF $                      # 설정 완료!
```

이제 Django를 설치할 차례입니다. Django를 설치하고 이전과 동일하게 myweb 프로젝트를 만드는 과정까지 진행해 봅시다.

```
(myvenv) ~/Projects/DRF-Projects/03_HelloDRF $ pip install django==3.2.10
(myvenv) ~/Projects/DRF-Projects/03_HelloDRF $ django-admin startproject myweb .
```

Django에서 했던 것과 동일한 프로젝트가 생성되었습니다. 이제 여기서부터 Django REST Framework을 얹어보겠습니다.

4.1.3 Django REST Framework 설치 및 실행

Django REST Framework을 설치하는 방법은 Django를 설치한 방법과 동일합니다. 마찬가지로 pip를 통해 설치할 것이며, 이후 settings.py에 앱을 등록하고 시간 설정까지 진행하겠습니다.

```
(myvenv) ~/Projects/DRF-Projects/03_HelloDRF $ pip install djangorestframework==3.13.1
INSTALLED_APPS = [
    'django.contrib.admin',
    'django.contrib.auth',
    'django.contrib.contenttypes',
    'django.contrib.sessions',
    'django.contrib.messages',
    'django.contrib.staticfiles',
    'rest_framework',
]

TIME_ZONE = 'Asia/Seoul'
```

그 다음 Django에서 했던 것처럼 앱을 하나 만들 것입니다. 일단은 연습용이니 example이라는 이름의 앱을 만들어보겠습니다.

```
(myvenv) ~/Projects/DRF-Projects/03_HelloDRF $ python manage.py startapp example
```

앱을 등록하였으니 다시 settings.py에 앱을 등록하고, 마이그레이션까지 진행하겠습니다.

```
INSTALLED_APPS = [
    'django.contrib.admin',
    'django.contrib.auth',
    'django.contrib.contenttypes',
    'django.contrib.sessions',
    'django.contrib.messages',
    'django.contrib.staticfiles',
    'rest_framework',
    'example',
]
(myvenv) ~/Projects/DRF-Projects/03_HelloDRF $ python manage.py makemigrations
(myvenv) ~/Projects/DRF-Projects/03_HelloDRF $ python manage.py migrate
```

여기까지는 Django의 기본 프로젝트 생성 방식과 동일하며, 프로젝트를 시작할 때 항상 공통적으로 진행하는 설정이라고 생각하면 됩니다. 이제 다음 장에서부터 Django REST Framework만의 파일을 만들고 코드를 작성하며 API 서버의 형태로 만들어봅시다.

4.2 Django REST Framework 프로젝트 구조 살펴보기

DRF로 만든 프로젝트의 기본 구조를 살펴보겠습니다.

4.2.1 helloAPI 만들어보기

개념에 대해 배워보기 전에 DRF를 실행한 결과가 어떻게 나오는지 확인을 해보겠습니다. 이전에 Django 프로젝트를 진행할 때에는 모델부터 작성했는데, 이번 예제에는 모델이 없어 바로 뷰로 넘어가겠습니다.

뷰

뷰에는 기본적으로 django.shortcuts의 render가 있는데, 이를 지우고 rest_framework의 내용으로 새롭게 채워보겠습니다.

```
from rest_framework import viewsets, permissions, generics, status
from rest_framework.response import Response
from rest_framework.views import APIView
from rest_framework.decorators import api_view
```

```
@api_view(['GET'])
def HelloAPI(request):
    return Response("hello world!")
```

예전에 만들었던 뷰의 함수와 비슷한 듯 많이 다른데, 제일 낯선 것은 @api_view ['GET'] 부분입니다. 이렇게 @표시와 함께 작성되어 있는 코드를 데코레이터^{Decorator}라고 합니다. 데코레이터는 말 그대로 함수를 꾸미는 역할을 합니다. 함수를 꾸민다고 하니 상당히 추상적이라 감이 안오는데, 쉽게 말하면 해당 함수에 대한 성격(스타일)을 표시해 주는 표기법이라고 할 수 있습니다. 이를테면 위의 코드에서는 HelloAPI라는 함수가 GET 요청을 받을 수 있는 API라는 것을 @api_view 라는 표기법으로 나타낸다고 생각하면 될 것 같습니다.

데코레이터

함수의 데코레이터는 파이썬에만 있는 개념은 아닙니다. 데코레이터가 하는 기능을 좀 더 정확히 설명하자면 함수를 감싼다고 표현합니다. 계속 추상적인 표현이 나오는 것에 대해 안타깝지만, 개발 분야에는 이렇게 추상적인 표현들이 많이 있습니다. 함수를 감싼다는 것은 말 그대로 우리가 작성한 함수의 앞뒤에 무언가 기능을 붙여 함수를 포함하는 함수 형태로 만든다는 것입니다.

즉, 데코레이터는 함수를 인자로 받는 하나의 함수라고 볼 수 있겠습니다. 위의 예시에서 HelloAPI()는 단지 Response('hello world!')를 반환하는 함수입니다. 이것이 API로 동작하기 위해 앞뒤로 전처리, 후처리 코드를 덧붙여 실제 API로 동작, 활용할 수 있도록 @api_view(['GET']) 데코레이터로 함수를 감싼 것입니다.

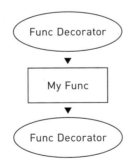

데코레이터가 앞뒤로 함수를 감싼다

그 외 다양한 데코레이터가 있으며, 이에 대한 코드는 https://github.com/encode/django-rest-framework/blob/master/rest_framework/decorators.py 에서 확인할 수 있습니다. 이 중 몇 가지는 나중에 활용할 예정입니다. 해당 코드를 완벽히 이해할 필요 없이 활용만 하면 되니 궁금하신 분들은 한 번 들어가 보세요.

request 객체는 요청을 효과적으로 처리해주고 인증 기능을 구현할 때 편리함을 제공해줍니다. 이는 앞서 살펴봤던 것처럼 사용자가 우리 DRF API 서버로 요청을 보낼 때, 해당 요청에 대한 정보를 담고 있습니다. 이를테면 요청이 어떤 타입인지(GET, POST …), 사용자가 요청을 보낼 때 무슨 데이터를 함께 보내주었는지를 가지고 있습니다. 따라서 그런 정보를 필요로 할 때 request를 활용하면 됩니다. 이를테면 요청이 어떤 타입인지 알아내기 위해서는 request.method, 데이터를 얻기 위해서는 request.data 로 접근할 수 있습니다.

그리고 결과를 반환할 때에도 Response라는 클래스를 사용하는데 이는 DRF의 결과 반환 방식입니다. request와 마찬가지로 Response에는 응답에 대한 정보를 담고 있는데, response.data에는 응답에 포함되는 데이터, response.status에는 응답에 대한 상태가 나타납니다.

NOTE

상태 코드

상태 코드는 요청에 대한 응답이 어떤 상태인지 나타내주는 규격화된 코드값입니다. 이는 HTTP에서 정의하고 있는 값으로, HTTP를 사용하는 모든 웹 개발자들이 통용적으로 사용하고 있습니다. 덕분에 우리는 딱 세 자리의 숫자만으로 요청이 잘 이루어졌는지, 잘되지 않았다면 어떤 이유로 잘못되었는지에 대해 알 수 있습니다. 따라서 DRF의 Response에는 이 상태 코드가 꼭 포함되어 있습니다. 몇 가지 대표적인 상태 코드들을 짚어보고 넘어가겠습니다.

- **HTTP_200_OK** : 데이터를 요청하는 GET 요청이 정상적으로 이뤄졌을 때 응답에 나타나는 상태 값입니다.
- **HTTP_201_CREATED** : 데이터를 생성하는 POST 요청이 정상적으로 이뤄졌을 때 응답에 나타나는 상태값입니다.
- **HTTP_206_PARTIAL_CONTENT** : 데이터를 일부 수정하는 PATCH 요청이 정상적으로 이뤄졌을 때 응답에 나타나는 상태값입니다.
- **HTTP_400_BAD_REQUEST** : 잘못된 요청을 보냈을 때(클라이언트가) 응답에 나타나는 상태값입니다.
- **HTTP_401_UNAUTHORIZED** : 인증이 필요한데 인증 관련 내용이 요청에 없을 때 응답에 나타나는 상태값입니다.
- **HTTP_403_FORBIDDEN** : 클라이언트가 접근하지 못하도록 막아놓은 곳에 요청이 왔을 때 응답에 나타나는 상태값입니다.
- **HTTP_404_NOT_FOUND** : 클라이언트가 요청을 보낸 곳이 잘못된 URL일 때(리소스가 없을 때) 응답에 나타나는 상태값입니다.
- **HTTP_500_INTERNAL_SERVER_ERROR** : 서버 쪽에서 코드가 잘못되었을 때 응답에 나타나는 상태값입니다.

URL

뷰를 마쳤다면 URL을 설정할 차례입니다! 새로운 프로젝트를 만들었으니 프로젝트의 urls.py도 같이 고쳐야겠네요. myweb/urls.py는 아래와 같이 고쳐주고 example에는 urls.py를 만들어 아래 내용을 작성합니다.

```
#myweb/urls.py
from django.urls import path, include
from django.contrib import admin

urlpatterns = [
    path("admin/", admin.site.urls),
    path("example/", include("example.urls"))
]
```

```
#example/urls.py
from django.urls import path, include
from .views import HelloAPI

urlpatterns = [
    path("hello/", HelloAPI),
]
```

이제 작업이 모두 완료되었습니다! runserver를 통해 실행하여 127.0.0.1:8000에 들어가봅시다.

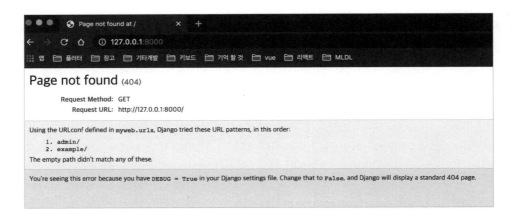

실행해 보니, Page not found 에러가 나오면서 우리가 갈 수 있는 주소를 알려주고 있습니다. admin은 이전에 봤으니 넘어가고, example이라는 주소가 있네요. 127.0.0.1:8000/example/로 이동해 봅시다.

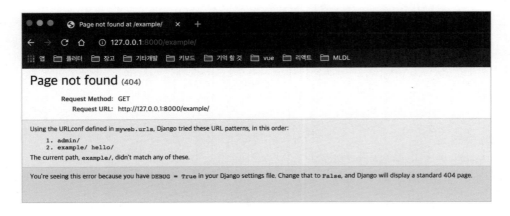

뭔가 똑같은 화면이 계속되는 거 같은데, example/hello/로 들어가라고 다시 알려주네요. 127.0.0.1:8000/example/hello/로 다시 한 번 시도해 봅시다.

오! 뭔가 처음 보는 디자인의 화면이 나타났습니다. 뿐만 아니라 우리가 뷰에서 만들었던 Response 안에 넣은 hello world!도 잘 나타나고, GET /example/hello/라든지 HTTP 200 OK를 비롯한 데이터들도 함께 잘 나타나고 있습니다. 미약하지만 우리는 방금 처음으로 API를 만들어봤습니다!

4.2.2 Django에서 달라진 점

방금 봤던 그 멋진 데이터들을 HTTP의 헤더라고 합니다. HTTP는 웹의 프론트엔드와 백엔드 간 요청/응답을 위한 프로토콜이었습니다. HTTP가 요청/응답을 할 때 누구나 같은 방식으로 통신을 하기 때문에 통일된 규격이 필요하고, 그 규격 내에 있는 주요 정보를 담아 놓는 것이 HTTP의 헤더입니다. 이는 HTTP 뿐만 아니라 모든 프로토콜에 공통적으로 해당되는 내용입니다. HTTP의 경우 요청/응답에 대한 결과 상태 및 데이터의 타입 등을 포함합니다. 앞서 살펴봤던 상태 코드가 HTTP 헤더에 포함되는 내용입니다.

다시 본문으로 돌아오면, DRF는 앞에서 만든 것처럼 Response를 제공하는 API의 형태로 결과물이 나옵니다. 그렇다는 건 앞서 만들어왔던 템플릿의 형태가 아닌, JSON과 같은 형태의 응답을 제공할 텐데 그렇다면 템플릿을 대신할 무언가가 필요하겠죠? 기존 뷰에서 템플릿으로 데이터를 제공해 주었다면 이제 다른 곳이 데이터를 처리하도록 해야 합니다. DRF에서는 Serializer가 그 역할을 수행합니다. Serializer에 대해서는 조금 이따 더 알아보고, 아직 헷갈릴 수 있는 Django와 DRF의 차이점에 대해 정리하고 넘어가겠습니다.

▼ Django vs DRF 차이점

특징	Pure Django	Django REST Framework
개발 목적	웹 풀스택 개발	백엔드 API 서버 개발
개발 결과	웹 페이지를 포함한 웹 서비스	여러 클라이언트에서 사용할 수 있는 API 서버
응답 형태	HTML	JSON
다른 파일	templates	serializers.py

4.3 도서 정보 API 예제로 Django REST Framework 기초 개념 살펴보기

도서 정보 API 예제를 만들며 DRF의 주요 개념을 천천히 익혀봅시다.

4.3.1 DRF Serializer

시리얼라이저Serializer만 알면 Django와 DRF의 차이점을 모두 파악한 것이나 다름없습니다. Serialize 의 사전적 의미는 직렬화라고 볼 수 있습니다. 직렬화는 Django 프로젝트에서 내가 만든 모델로부터 뽑은 queryset, 즉 모델 인스턴스를 JSON 타입으로 바꾸는 것입니다. 간단히 Django 모델을 JSON으로 변환하기 위한 모양 틀 정도로 이해하고 넘어가도 큰 문제는 없지만, 중요한 내용이니 좀 더 자세히 살펴보겠습니다.

DRF 내에서 데이터를 저장할 때에는 Django의 모델을 통해 저장합니다. 모델은 앞서 살펴본 것처럼 데이터베이스 테이블을 추상화한 개념이며, Django의 ORM을 통해 파이썬 문법으로 데이터를 처리할 수 있었습니다. 그렇기 때문에 Django에서의 데이터는 JSON이나 이런 포맷이 아닌, 파이썬 객체의 형태로 저장이 됩니다.

우리가 만들 API는 이런 데이터를 클라이언트에 보내주는 역할을 합니다. 이때 어떤 작업도 하지 않고 데이터를 그대로 보내준다면 클라이언트는 읽지도 못하는 파이썬 데이터를 받게 될 것입니다. 당연히 이를 위해 파이썬 데이터를 읽을 수 있는 문자열(JSON 등)로 변환하여 보내주어야 하고, 이렇게 파이썬 데이터 객체를 문자열로 변환하는 작업을 직렬화, Serialize라고 이해하면 되겠습니다.

반대로 클라이언트가 데이터를 DRF 서버에 보내주는 경우도 있습니다. POST 요청을 보내는 API를 클라이언트가 사용해 데이터를 생성하려는 경우, 클라이언트는 API 요청에 데이터를 JSON 등 문자열 형태로 입력하여 보내줄 것입니다. DRF 서버 입장에서는 이 문자열을 그대로 모델을 통해 저장할 수 없습니다. 모델을 통해 저장하려면 데이터가 파이썬 객체의 형태여야 하기 때문입니다. 따라서 앞선 경우와 반대로 JSON 등 문자열을 파이썬 데이터 객체로 변환하는 작업이 필요합니다. 이것을 역직렬화, 디시리얼라이즈Deserialize라고 합니다.

우리가 앞으로 배우며 만들 시리얼라이저는 직렬화와 역직렬화 기능을 동시에 갖고 있습니다. 클라이언트와 서버 API 간 데이터 양식을 맞춰주는 변환기라고 생각한다면 시리얼라이저에 대한 이해는 충분합니다.

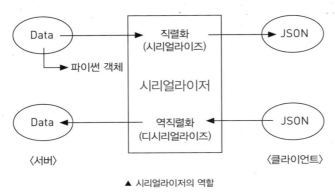

▲ 시리얼라이저의 역할

간단한 예제를 함께 만들어 보겠습니다. 우리가 이번에 DRF 개념 설명과 병행하여 만들 예제는 도서 정보 API입니다.

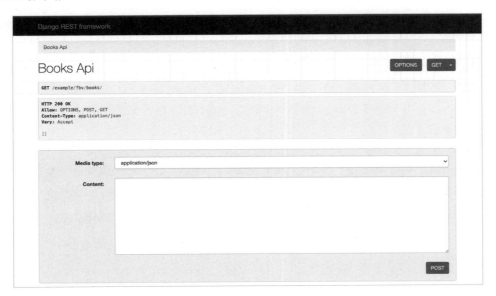

```
Django REST framework

Books Api

Books Api                                                    OPTIONS  GET ▾

POST /example/fbv/books/

HTTP 201 Created
Allow: OPTIONS, POST, GET
Content-Type: application/json
Vary: Accept

{
    "bid": 1,
    "title": "처음 만나는 AI 수학 with 파이썬",
    "author": "아즈마 유카나가",
    "category": "프로그래밍",
    "pages": 308,
    "price": 20000,
    "published_date": "2021-01-30",
    "description": "인공지능을 공부하는데 필요한 기초 수학개념을 한 권에 모았다!"
}

Media type:     application/json

Content:
```

이렇게 도서 정보를 제공하는 API를 만들어 볼 것이며, 별도의 프로젝트를 생성하지 않고 아까 만들었던 03_HelloDRF 프로젝트에 이어서 내용을 만들어보도록 하겠습니다.

모델

모든 Django 프로젝트 개발의 시작은 언제나 그렇듯 모델입니다. 영진닷컴 사이트에 있는 도서 정보를 기반으로 모델을 만들어보겠습니다.

우리가 만들 도서 모델은 다음과 같이 정의할 수 있습니다.

```python
from django.db import models

class Book(models.Model):
    bid = models.IntegerField(primary_key=True)  # 책 id
    title = models.CharField(max_length=50)       # 책 제목
    author = models.CharField(max_length=50)      # 저자
    category = models.CharField(max_length=50)    # 카테고리
    pages = models.IntegerField()                 # 페이지 수
    price = models.IntegerField()                 # 가격
    published_date = models.DateField()           # 출판일
    description = models.TextField()              # 도서 설명
```

모델을 작성하였으니 마이그레이션 하는 것은 기본 작업입니다. 아래와 같이 마이그레이션을 수행하겠습니다.

```
(myvenv) ~/Projects/DRF-Projects/03_HelloDRF $ python manage.py makemigrations example
(myvenv) ~/Projects/DRF-Projects/03_HelloDRF $ python manage.py migrate
```

시리얼라이저

모델을 만들고 뷰를 작성하기 전, 바로 이 단계에서 시리얼라이저를 만들겠습니다. example 앱 내에 serializers.py 파일을 만들고 아래 내용을 작성해야 하는데, 일단 따라하기 전에 눈으로만 먼저 보세요.

```python
from rest_framework import serializers
from .models import Book

class BookSerializer(serializers.Serializer):
    bid = serializers.IntegerField(primary_key=True)
    title = serializers.CharField(max_length=50)
    author = serializers.CharField(max_length=50)
    category = serializers.CharField(max_length=50)
    pages = serializers.IntegerField()
    price = serializers.IntegerField()
    published_date = serializers.DateField()
    description = serializers.TextField()

    def create(self, validated_data):
```

```
                return Book.objects.create(**validated_data)
        def update(self, instance, validated_data):
            intance.bid = validated_data.get('bid', instance.bid)
            instance.title = validated_data.get('title', instance.title)
            instance.author = validated_data.get('author', instance.author)
            instance.category = validated_data.get('category', instance.category)
            instance.pages = validated_data.get('pages', instance.pages)
            instance.price = validated_data.get('price', instance.price)
            instance.published_date = validated_data.get('published_date', instance.published_
            date)
            instance.description = validated_data.get('description', instance.description)
            instance.save()

            return instance
```

코드가 참 길죠? 보면 모델에서 썼던 필드 내용을 똑같이 또 작성하고 있는 것을 볼 수 있습니다. 그뿐만 아니라 create, update 함수도 직접 정의하고 있는데, update는 특히 작성할 내용이 많네요.

일단 간단히 설명하자면, 시리얼라이저는 파이썬 모델 데이터를 JSON으로 바꿔주는 변환기이기 때문에 모델 데이터의 어떤 속성을 JSON에 넣어줄지 선언을 해줘야 합니다. JSON에다가 모델의 모든 속성을 넣지 않을 수 있으니까요. 외부로 공개되는 API의 경우 더더욱 그런 경우가 많이 있습니다. 그래서 시리얼라이저에도 필드를 선언해 주어야 합니다.

create()이나 update()는 나중에 POST 요청으로 들어온 데이터를 다시 파이썬 모델 형태로 역직렬화하여 데이터베이스에 집어넣을 때 사용되는 함수입니다. 이렇게 선언해놓으면 나중에 serializer.save()와 같은 아주 간단한 코드로 데이터를 저장할 수 있습니다. 이 부분은 나중에 또 확인해 보겠습니다.

아무튼 결론적으로 위의 내용들은 모두 필요한 내용인데, 너무 같은 내용이 반복되고 코드가 길다는 느낌이 듭니다. 개발자들이 이런 비효율적인 방법을 선택할 리가 없기 때문에, 우리는 더 나은 대안인 serializers.ModelSerializer를 사용할 것입니다. ModelSerializer를 사용한 코드는 다음과 같습니다. 이 코드는 바로 따라 작성하면 되겠습니다.

```
from rest_framework import serializers
from .models import Book

class BookSerializer(serializers.ModelSerializer):
```

```
    class Meta:
        model = Book
        fields = ['bid', 'title', 'author', 'category', 'pages', 'price', 'published_date',
'description']
```

엄청 간단해졌죠? 앞의 코드를 직접 작성하신 분들이 있다면 조금 화날 수도 있겠네요. ModelSerializer는 이름에서 알 수 있듯 모델의 내용을 기반으로 동작하는 시리얼라이저입니다. 이를 통해 코드의 중복을 줄일 수 있고, 필드 선언도 모델에서 이미 했으니 시리얼라이저에서는 간단하게 작업을 마칠 수 있습니다.

시리얼라이저까지 작성하였으니 이제 뷰를 작성할 단계입니다. 뷰는 다음 장에서 개념 설명과 함께 이어 진행하겠습니다.

4.3.2 DRF FBV, CBV, API View

DRF뿐만 아니라 Django에서는 크게 두 가지 유형으로 뷰를 개발할 수 있습니다. 함수 기반 뷰Function Based View, FBV와 클래스 기반 뷰Class Based View, CBV라는 것인데, FBV와 CBV는 그저 뷰를 작성할 때 함수로 작성했는지 클래스로 작성했는지의 차이일 뿐 기능 상 차이는 없습니다. 그렇다면 우리가 그동안 작성한 뷰는 모두 FBV겠네요!

FBV와 CBV를 공통적으로 도와주는 친구가 있습니다. 바로 APIView라는 것입니다. APIView는 여러 가지 요청의 유형에 대해 동작할 수 있도록 도와줍니다. 이전에 작성했던 HelloAPI 뷰에서는 @api_view(['GET'])라고 작성하여 사용했는데, 이처럼 함수형 뷰에서는 @api_view와 같이 데코레이터 형태로 APIView를 사용합니다.

```
from rest_framework import viewsets, permissions, generics, status
from rest_framework.response import Response
from rest_framework.views import APIView
from rest_framework.decorators import api_view

@api_view(['GET'])
def HelloAPI(request):
    return Response("hello world!")
```

클래스형 뷰에서는 뷰를 만들 때 APIView라는 클래스를 상속받는 클래스의 형태로 생성합니다. 위의 HelloAPI를 클래스형 뷰로 작성한다면 다음과 같습니다.

```
from rest_framework import viewsets, permissions, generics, status
from rest_framework.response import Response
from rest_framework.views import APIView
from rest_framework.decorators import api_view

class HelloAPI(APIView):
    def get(self, request):
        return Response("hello world")
```

워낙 간단한 형태라 앞에서 만든 함수형 뷰와 큰 차이가 없어 보이네요. 일단은 어떤 형태로 만드는 것인지 알아둡시다. 클래스형 뷰는 아주 기본적인 형태에서 다양한 방법으로 확장될 수 있습니다. 클래스형 뷰를 강력하게 만들어주는 여러 도구들이 존재하는데, 이 부분은 다음 단원인 심화 개념에서 알아보도록 하겠습니다.

어디까지나 이번 단원은 DRF를 가볍게 익혀보는 것에 있으니, 도서 정보 API를 빠르게 완성해 봅시다. 어느 형태의 뷰로 작성해도 상관없지만, 이해를 위해 두 가지 방법 모두로 똑같이 작성해 보겠습니다. 도서 정보 API는 앞서 살펴봤던 것처럼 전체 도서 정보를 가져오는 API(GET /book/)와 bid에 해당하는 도서 1권의 정보를 가져오는 API(GET /book/1/)가 있습니다. 또한 도서 정보를 등록하는 API(POST /book/)까지 있습니다. 여기서 하나 기억하고 넘어갈 것은 전체 도서 정보를 가져오는 API와 도서 정보를 등록하는 API의 주소가 동일하게 '/book/' 이라는 것입니다. 그럼 코드를 한 번 작성해볼까요? 먼저 함수형 뷰로 작성한 코드입니다.

```
from rest_framework import viewsets, permissions, generics, status
from rest_framework.response import Response
from rest_framework.views import APIView
from rest_framework.decorators import api_view
from rest_framework.generics import get_object_or_404      # get_object_or_404 불러오기
from .models import Book                                   # 모델 불러오기
from .serializers import BookSerializer                    # 시리얼라이저 불러오기

@api_view(['GET'])
def HelloAPI(request):
    return Response("hello world!")

@api_view(['GET', 'POST'])                                 # GET/POST 요청을 처리하게 만들어주는 데코레이터
def booksAPI(request):                                     # /book/
    if request.method == 'GET':                            # GET 요청(도서 전체 정보)
```

```
        books = Book.objects.all()           # Book 모델로부터 전체 데이터 가져오기
        serializer = BookSerializer(books, many=True)
        # 시리얼라이저에 전체 데이터를 한번에 집어넣기(직렬화, many=True)
        return Response(serializer.data, status=status.HTTP_200_OK) # return Response!
    elif request.method == 'POST':            # POST 요청(도서 정보 등록)
        serializer = BookSerializer(data=request.data)
        # POST 요청으로 들어온 데이터를 시리얼라이저에 집어넣기
        if serializer.is_valid():             # 유효한 데이터라면
            serializer.save()
            # 시리얼라이저의 역직렬화를 통해 save(), 모델시리얼라이저의 기본 create() 함수가 동작
            return Response(serializer.data, status=status.HTTP_201_CREATED)
            # 201 메시지를 보내며 성공!
        return Response(serializer.errors, status=status.HTTP_400_BAD_REQUEST)
        # 400 잘못된 요청!

@api_view(['GET'])
def bookAPI(request, bid): # /book/bid/
    book = get_object_or_404(Book, bid=bid) # bid = id 인 데이터를 Book에서 가져오고, 없으면 404 에러
    serializer = BookSerializer(book)        # 시리얼라이저에 데이터를 집어넣기(직렬화)
    return Response(serializer.data, status=status.HTTP_200_OK) # return Response!
```

코드가 좀 길지만 하나하나 살펴보면 앞서 만든 것과 크게 다르지 않습니다.

일단 /book/ 주소를 사용할 두 API에 대한 처리는 booksAPI()라는 함수에서 한 번에 처리하고 있습니다. 데코레이터로 GET, POST를 함께 처리할 수 있도록 설정해 주었고, 조건문을 통해 해당 요청이 GET인지 POST인지에 따라 다르게 처리하고 있습니다. 이 부분은 앞서 Django 프로젝트를 진행할 때의 구조와 비슷합니다.

GET 요청은 도서 전체 정보를 가져오므로 모델로부터 데이터를 가져와 시리얼라이저에 집어넣어 직렬화를 하고 그렇게 가공된 데이터를 결과로 응답합니다. 여기서 우리는 Book.objects.all()을 통해 전체 데이터를 가져오려 하였으니, books에 들어온 데이터는 1개 이상의 Book 모델 데이터일 것입니다. 따라서 시리얼라이저에 넣을 때 many=True 옵션을 넣어 여러 데이터에 대한 처리를 하도록 합니다. 데이터를 잘 가져왔으면 200 메시지를 보냅니다.

POST 요청에 대해서는 오히려 요청으로 들어온 데이터를 역직렬화하여 모델에 집어넣어야 하므로 먼저 시리얼라이저에 request.data를 넣습니다. 그리고 시리얼라이저의 is_valid() 기능을 통해 들어온 데이터가 모델에 맞는 유효한 데이터라면 이를 저장합니다. serializer.save()는 앞서 시리얼라이저와 모델시

리얼라이저를 설명할 때 언급했던 기본적인 create() 함수를 실행시키는 모델시리얼라이저의 기능입니다. 데이터가 잘 저장되었다면 201 메시지를 보내고, 그렇지 않았다면 400 메시지를 보내며 마무리됩니다.

다음으로는 bookAPI() 함수입니다. 여기서는 특정 bid의 책 데이터를 가져옵니다. 앞서 했던 것과 마찬가지로 함수의 인자로 id를 넘겨받아와 이를 모델에서 찾습니다. 찾은 데이터를 반환하는 것으로 간단하게 함수가 마무리됩니다.

예전에 작성했던 것에서 크게 달라지지 않고 비슷한 구조를 가지고 있기 때문에 배우는데 큰 어려움이 없었습니다. 방금 작성한 코드를 클래스형 뷰로도 한 번 작성해 보겠습니다.

```python
from rest_framework import viewsets, permissions, status
from rest_framework.response import Response
from rest_framework.views import APIView
from rest_framework.decorators import api_view
from rest_framework.generics import get_object_or_404   # get_object_or_404 불러오기
from .models import Book                                 # 모델 불러오기
from .serializers import BookSerializer                  # 시리얼라이저 불러오기


class BooksAPI(APIView):
    def get(self, request):
        books = Book.objects.all()
        serializer = BookSerializer(books, many=True)
        return Response(serializer.data, status=status.HTTP_200_OK)
    def post(self, request):
        serializer = BookSerializer(data=request.data)
        if serializer.is_valid():
            serializer.save()
            return Response(serializer.data, status=status.HTTP_201_CREATED)
        return Response(serializer.errors, status=status.HTTP_400_BAD_REQUEST)


class BookAPI(APIView):
    def get(self, request, bid):
        book = get_object_or_404(Book, bid=bid)
        serializer = BookSerializer(book)
        return Response(serializer.data, status=status.HTTP_200_OK)
```

함수형 뷰와 기능 부분에서는 큰 차이가 없습니다. 차이점이라고 한다면 클래스 내에 get과 post를 따로 정의해 주기 때문에 데코레이터도 필요 없고, 해당 요청이 GET인지 POST인지 조건문으로 따져볼 필요가 없습니다. 그 부분을 빼고는 함수형 뷰와 동일한 것을 볼 수 있습니다. 이렇게 보면 함수형 뷰를

쓰든지 클래스형 뷰를 쓰든지 상관이 없어 보입니다. 실제로 무엇을 쓰든 기능적으로 동일하기 때문에 본인이 생각하기에 편한 방식을 선택하여 사용하면 됩니다. 간단한 것은 굳이 클래스를 만들지 않고도 할 수 있고, 조건문이 생기는 게 마음에 들지 않는다면 함수형 뷰를 선택할 수도 있겠습니다. 공식 문서에는 이런 문구가 있습니다.

> Saying that class-based views is always the superior solution is a mistake. Nick Coghlan

사실 우리는 클래스형 뷰의 진짜 모습은 보지 않았습니다. 클래스형 뷰의 여러 부가 기능들을 살펴보면 클래스형 뷰가 함수형 뷰보다 훨씬 성능이 좋은 것 같다는 생각을 하게 될 수 있습니다. 하지만 공식 문서에서도 나와있듯 클래스형 뷰가 절대적인 해결책은 아닙니다. 상황에 따라 좀 더 괜찮은 선택지가 있을 것이고 그것을 판단하기 위해서는 두 가지 방법을 모두 알고 있어야 합니다. 그래서 우리는 이번 예제에서 같은 코드를 함수형 뷰와 클래스형 뷰 두 가지 방법으로 작성해 보았던 것입니다.

4.3.3 도서 정보 API 마무리 하기

이제 URL을 연결하여 도서 정보 API 예제를 완성하겠습니다. 우리는 함수형 뷰와 클래스형 뷰 각각으로 예제를 만들었으므로 두 가지 방법의 뷰를 모두 URL에 연결해 보겠습니다.

일단 익숙한 함수형 뷰부터 연결하겠습니다. 역시 앞서 했던 것처럼 example 앱의 urls.py를 열어 아래 내용을 작성합니다.

```
from django.urls import path, include
from .views import HelloAPI, bookAPI, booksAPI

urlpatterns = [
    path("hello/", HelloAPI),
    path("fbv/books/", booksAPI),          # 함수형 뷰의 booksAPI 연결
    path("fbv/book/<int:bid>/", bookAPI), # 함수형 뷰의 bookAPI 연결
]
```

함수형 뷰의 URL을 연결하는 것은 이제 익숙해진 것 같습니다. 한 번 실행해볼까요? 실행하고 일단 **127.0.0.1:8000/example/fbv/books/** 에 들어가봅시다.

```
(myvenv) ~/Projects/DRF-Projects/03_HelloDRF $ python manage.py runserver
```

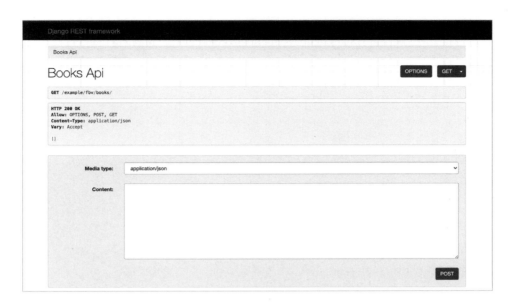

실행해 보니 위처럼 나오는 것을 볼 수 있습니다. 아직 도서 데이터를 입력하지 않았기 때문에 빈 결과가 도착하고, 이 주소로 POST 요청을 보낼 수 있기 때문에 POST 요청을 위한 폼이 나타납니다. 그럼 POST 기능도 한 번 활용해 보겠습니다. 아래와 같은 데이터를 content란에 입력합니다.

```
{
  "bid": 1,
  "title": "처음 만나는 AI 수학 with 파이썬",
  "author": "아즈마 유키나가",
  "category": "프로그래밍",
  "pages": 308,
  "price": 20000,
  "published_date": "2021-01-30",
  "description": "인공지능을 공부하는데 필요한 기초 수학개념을 한 권에 모았다!"
}
```

content:란에 위와 같은 JSON 형식의 데이터를 넣고 오른쪽 하단의 POST 버튼을 누르겠습니다. 그러면 다음과 같은 화면이 나오게 됩니다.

POST 요청을 보내고 처리가 완료된 후에 다시 /fbv/books/로 GET 요청을 보내게 된 화면입니다. 아까는 데이터가 없었는데, 방금 우리가 데이터를 POST로 추가하였기 때문에 다시 GET 요청 화면에서 데이터가 보이게 된 것입니다. 이런 식으로 데이터를 여러 개 추가할 수 있습니다.

이번에는 bid 값으로 책을 찾아보겠습니다. 주소창에 아래와 같이 입력하겠습니다.

http://127.0.0.1:8000/example/fbv/book/1/

위 주소로 들어가니 bid가 1인 도서의 정보가 나타납니다. 우리의 함수형 뷰 API가 모두 정상 작동하는 것을 확인하였습니다.

그럼 이제 클래스형 뷰를 URL에 등록해 보겠습니다. example/urls.py에 다음 내용을 추가합니다.

```python
from django.urls import path, include
from .views import HelloAPI, bookAPI, booksAPI, BookAPI, BooksAPI

urlpatterns = [
    path("hello/", HelloAPI),
    path("fbv/books/", booksAPI),
    path("fbv/book/<int:bid>/", bookAPI),
    path("cbv/books/", BooksAPI.as_view()),
    path("cbv/book/<int:bid>/", BookAPI.as_view()),
]
```

클래스형 뷰는 함수형 뷰와 달리 path에 등록할 때 .as_view()를 사용합니다. 이렇게 URL에 등록까지 마쳤으니 다시 실행하고 아래 주소에 접속하겠습니다.

http://127.0.0.1:8000/example/cbv/books/

접속하면 앞서 진행했던 것과 동일한 페이지가 등장합니다. POST 요청도 Content를 다음 내용으로 보내보겠습니다.

```
{
    "bid": 2,
    "title": "앱 인벤터, 상상을 현실로 만드는 프로젝트",
    "author": "이준혁",
```

```
    "category": "프로그래밍",
    "pages": 328,
    "price": 20000,
    "published_date": "2020-12-10",
    "description": "블록 코딩으로 만드는 안드로이드 앱, 앱 인벤터"
}
```

POST 버튼을 누르면 역시 아래와 같은 화면이 나옵니다.

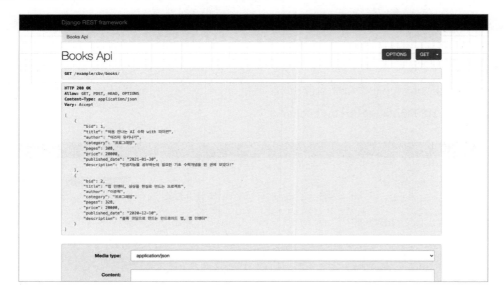

bid가 2인 책을 찾기 위해 아래 주소로 GET 요청을 보내보겠습니다.

http://127.0.0.1:8000/example/cbv/book/2/

모든 기능이 동일하게 작동하는 것으로 보아 클래스형 뷰도 잘 완성했음을 알 수 있습니다.

그동안 함수형 뷰와 클래스형 뷰에 대해 배워보았습니다. 이들을 시리얼라이저와 연결하고, 시리얼라이저는 모델과 연결되어 잘 작동하는 것까지 확인하였습니다.

함수형 뷰와 클래스형 뷰 모두 결국엔 각 request의 method에 따라 처리를 할 수 있도록 작성됩니다. 이때 같은 URL을 쓰는 메소드들은 하나의 함수 혹은 클래스로 묶여 그대로 URL에 연결됩니다. 우리는 이 방식을 잘 기억해서 심화 개념을 배울 때 활용해야 합니다.

이제 Django REST Framework의 기초 내용은 모두 배웠습니다! 아주 간단하게나마 우리는 API 서버를 만들 수 있었습니다. 이제부터 아래에서 배울 내용은 알면 아주 유용한 DRF의 기능들입니다. 내용 자체가 어려울 수 있지만 알아두면 분명 도움되는 것들이 많으니 잘 따라오면 좋을 것 같습니다.

넘어가기 전, DRF의 개발 절차를 한 번 더 복습하고 넘어가겠습니다.

DRF의 기본 페이지로 API 테스트를 하는 것도 나쁘지는 않지만, 어디까지나 브라우저를 활용하는 방식이라 불편할 수 있습니다. API 테스트를 위한 전용 프로그램이 몇 가지 있는데, 저는 Insomnia라는 무료 툴을 추천하겠습니다. 해당 툴은 아래 링크에서 받을 수 있으며, Insomnia Core를 다운로드하면 됩니다.

https://insomnia.rest/

각자의 OS에 맞춰 설치를 완료하였다면 다음과 같은 화면이 나오게 됩니다.

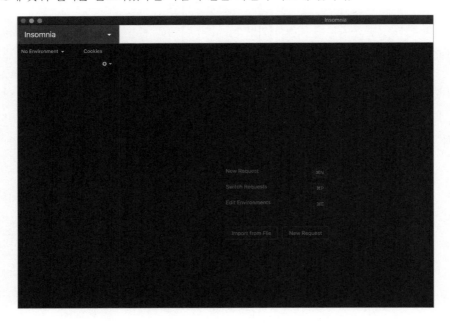

여기에 폴더를 하나 만들어보겠습니다. 좌측에 있는 화면에서 오른쪽 마우스를 눌러 New Folder를 선택합니다.

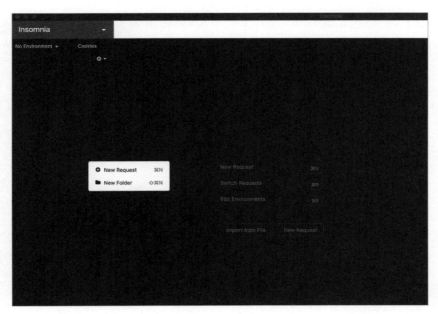

그리고 폴더를 다음과 같이 생성합니다.

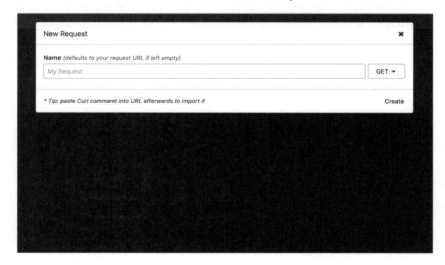

생성한 폴더에 요청을 추가할 수 있습니다. click to add first request…를 눌러봅시다.

요청의 이름과 메소드를 선택하여 생성할 수 있습니다. 일단 GET 요청을 만들 것이고, 빈 칸으로 두고 생성하면 요청의 주소가 이름이 된다고 적혀있으니 빈 칸으로 만듭시다.

빈 칸으로 두고 생성하면 이제 맨 위에 주소를 입력할 수 있는 곳이 있는데, 여기에 우리의 API 주소를 입력합니다.

`http://127.0.0.1:8000/example/fbv/books/`

그리고 Send를 눌러봅시다!

Send를 누르면 200 OK와 함께 우리의 도서 데이터가 잘 도착합니다. 이번엔 POST 요청을 해볼까요? 03_도서정보API 폴더의 오른쪽 마우스를 눌러 New Request를 생성합시다. 이번에도 이름은 빈 칸으로 설정하고, 메소드를 POST로 설정하겠습니다.

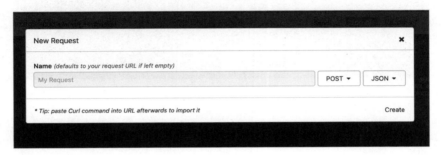

POST로 설정하니 Body의 양식을 고를 수 있는 메뉴가 나오는데, 이는 JSON으로 설정합니다. 역시 같은 주소를 입력하고 JSON이라고 선택된 탭에 앞서 작성했던 것과 같은 JSON을 입력하겠습니다.

```
{
    "bid": 2,
    "title": "앱 인벤터, 상상을 현실로 만드는 프로젝트",
    "author": "이준혁",
    "category": "프로그래밍",
    "pages": 328,
    "price": 20000,
    "published_date": "2020-12-10",
    "description": "블록 코딩으로 만드는 안드로이드 앱, 앱 인벤터"
}
```

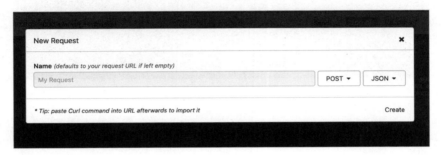

이렇게 입력하였으면 Send를 눌러 실행하겠습니다.

실행 결과 201 Created가 나오며 잘 생성된 것을 볼 수 있습니다. 앞서 만든 GET을 다시 실행해 잘 들어갔는지 확인해 보면 다음과 같이 나옵니다.

4.4 Django REST Framework 심화 개념 보충하기

DRF에서 알아두면 정말 좋은 심화 개념을 공부해 보겠습니다.

4.4.1 DRF의 다양한 뷰

DRF에서 작성하는 뷰는 크게 함수형 뷰와 클래스형 뷰로 나눌 수 있었습니다. 클라이언트 측에서 우리 API로 요청을 보낼 때에는 URL과 Method를 조합하여 요청을 보내는데, 이때 같은 URL 내의 여러 Method를 처리하는 방법으로 함수형과 클래스형이 구분되었습니다. 결국 같은 일을 하는 두 가지 방법이라는 뜻입니다.

그렇다면 URL과 Method의 조합은 몇 가지 정도 있을까요?? 만들기에 따라서 다르겠지만, 일반적인 구조로는 총 5개의 조합이 나옵니다. 앞서 만든 도서 정보 모델을 활용하여 한 번 쭉 나열해 보겠습니다.

우리가 도서 정보를 처리할 때 이 이상의 기능이 필요할까요? 이정도면 모든 요청에 대한 처리를 해줄 것 같다는 생각이 듭니다. 각 URL 옆에 붙은 단어들이 각 기능별 닉네임이라고 생각하면 됩니다. 어떤 모델에 대해 retrieve를 한다고 하면 우리는 그 모델의 1개 개체 정보를 가져온다고 생각하면 되겠습니다. 이 말은 어느 정도 통용되는 용어이기 때문에 잘 알아놓으면 유용합니다.

DRF로 API를 개발할 때 만들어야 하는 기능은 위 5가지가 전부입니다. 이 5가지 기능을 만드는 방법은 위에서 만들었던, 일일이 각 메소드별로 나눠 처리하도록 작성하는 아주 기본적인 함수형 뷰와 클래스형 뷰가 있었습니다. 이는 위에서 언급하였듯 모델 API 만들기에서 공통적으로 쓰이는 기능이므로 개발자들은 이를 최대한 편하고 쉽게 만들고자 하였습니다. 어떤 과정을 거쳐 발전하였는지 mixins부터 generics, Viewset까지 하나하나 배워봅시다.

4.4.2 DRF mixins

앞서 작성했던 클래스형 뷰를 다시 살펴봅시다.

```python
class BooksAPI(APIView):
    def get(self, request):
        books = Book.objects.all()
        serializer = BookSerializer(books, many=True)
        return Response(serializer.data, status=status.HTTP_200_OK)
    def post(self, request):
        serializer = BookSerializer(data=request.data)
        if serializer.is_valid():
            serializer.save()
            return Response(serializer.data, status=status.HTTP_201_CREATED)
        return Response(serializer.errors, status=status.HTTP_400_BAD_REQUEST)

class BookAPI(APIView):
    def get(self, request, id):
        book = get_object_or_404(Book, bid=id)
```

```
        serializer = BookSerializer(book)
        return Response(serializer.data, status=status.HTTP_200_OK)
```

내용을 자세히 살펴보면 무언가 중복이 되고 있음을 확인할 수 있습니다. 하나의 클래스 내에서도 books, book과 같은 모델로부터 가져온 데이터나 BookSerializer와 같은 시리얼라이저가 여러 번 사용되고 있네요. 이 부분의 중복을 제거하기 위해 DRF에서는 mixins라는 것을 미리 정의하고 있습니다.

mixins는 APIView에서 request의 method마다 시리얼라이저 코드를 작성하는 것을 줄이기 위해 클래스 레벨에서 시리얼라이저를 등록하고 있습니다. 각 method에는 시리얼라이저 코드를 작성하는 대신 각 method별 mixin에 연결하여 사용하기만 하면 됩니다.

그럼 우리의 도서 정보 API를 mixins로 다시 만들어볼까요?

```
from rest_framework import generics
from rest_framework import mixins
class BooksAPIMixins(mixins.ListModelMixin, mixins.CreateModelMixin, generics.GenericAPIV-
iew):
    queryset = Book.objects.all()
    serializer_class = BookSerializer

    def get(self, request, *args, **kwargs):          # GET 메소드 처리 함수(전체 목록)
        return self.list(request, *args, **kwargs)    # mixins.ListModelMixin과 연결
    def post(self, request, *args, **kwargs):         # POST 메소드 처리 함수(1권 등록)
        return self.create(request, *args, **kwargs)  # mixins.CreateModelMixin과 연결

class BookAPIMixins(mixins.RetrieveModelMixin, generics.GenericAPIView):
    queryset = Book.objects.all()
    serializer_class = BookSerializer
    lookup_field = 'bid'
    # 우리는 Django 기본 모델 pk가 아닌 bid를 pk로 사용하고 있으니 lookup_field로 설정합니다.

    def get(self, request, *args, **kwargs):            # GET 메소드 처리 함수(1권)
        return self.retrieve(request, *args, **kwargs)  # mixins.RetrieveModelMixin과 연결
```

코드의 내용을 살펴보면, 우선 generics와 mixins를 불러와서 각각 클래스를 만들 때 상속합니다. 상속된 목록을 보면 BooksAPI(전체 목록, 추가)의 경우 ListModelMixin과 CreateModelMixin이 있고, BookAPI(1권)의 경우 RetrieveModelMixin을 상속하고 있습니다. generics.GenericAPIView는 공통적으로 들어가는 것이라고만 알고 일단 넘어가면 될 것 같습니다.

클래스 내부 변수에는 queryset과 serializer_class가 있습니다. 우선 queryset에는 모델에 질문을 보내 받아온 데이터가 들어가는데 일반적으로 그냥 모든 데이터를 불러옵니다. 그리고 serializer_class는 해당 API에서 사용할 시리얼라이저를 설정합니다. 앞서 우리가 만들고 사용했던 BookSerializer를 넣었습니다.

각 함수를 살펴보면 함수명은 메소드명과 동일합니다. 이 부분은 원래 만들었던 클래스형 뷰와 동일합니다. 그런데 함수의 내용이 없어지고 바로 return을 합니다. return하는 부분을 살펴보면 각각 다른 것을 반환하고 있는데, 이는 각 메소드 별 처리하는 기능에 따라, 즉 아까 상속받아 온 mixin 중 어떤 것에 연결할 것이냐에 따라 달라지게 됩니다. 앞서 살펴봤던 내용을 다시 보면 더 이해가 쉬울 것입니다.

① 도서 전체 목록 가져오기 (GET /books/), (list)
② 도서 1권 정보 등록하기 (POST /books/), (create)
③ 도서 1권 정보 가져오기 (GET /book/1/), (retrieve)
④ 도서 1권 정보 수정하기 (PUT /book/1/), (update)
⑤ 도서 1권 정보 삭제하기 (DELETE /book/1/), (destroy)

이렇게 코드를 간단히 다 살펴봤습니다. 우리가 앞서 만든 도서 정보 API에는 ① 전체 목록 가져오기, ② 책 추가하기, ③ 책 1권 가져오기 밖에 없었는데 기왕 만드는 김에 ④ 책 1권 수정하기와 ⑤ 책 1권 삭제하기도 mixins를 사용해 추가해 보겠습니다. 1권에 대한 내용들이니 BookAPIMixins에 넣으면 됩니다.

```python
from rest_framework import generics
from rest_framework import mixins
class BooksAPIMixins(mixins.ListModelMixin, mixins.CreateModelMixin, generics.GenericAPIView):
    queryset = Book.objects.all()
    serializer_class = BookSerializer

    def get(self, request, *args, **kwargs):
        return self.list(request, *args, **kwargs)
    def post(self, request, *args, **kwargs):
        return self.create(request, *args, **kwargs)

class BookAPIMixins(mixins.RetrieveModelMixin, mixins.UpdateModelMixin, mixins.DestroyModelMixin, generics.GenericAPIView):
```

```
        queryset = Book.objects.all()
        serializer_class = BookSerializer
        lookup_field = 'bid'

        def get(self, request, *args, **kwargs):
            return self.retrieve(request, *args, **kwargs)
        def put(self, request, *args, **kwargs):              # PUT 메소드 처리 함수(1권 수정)
            return self.update(request, *args, **kwargs)      # mixins.UpdateModelMixin과 연결
        def delete(self, request, *args, **kwargs):           # DELETE 메소드 처리 함수(1권 삭제)
            return self.destroy(request, *args, **kwargs)     # mixins.DestroyModelMixin과 연결
```

책 1권에 대한 수정과 삭제 기능을 추가하였습니다. 각 기능의 이름은 Update와 Destroy이고, 각 기능을 요청하기 위한 메소드는 put과 delete입니다. 따라서 클래스 내 함수명은 put과 delete가 되는 것이고, 연결되는 mixin은 각각 UpdateModelMixin과 DestroyModelMixin이 되는 것입니다.

자 그럼 실행을 해볼까요? 실행을 위해서는 URL을 등록해야 합니다. 이번에는 /mixin/이라는 URL로 만들어보겠습니다.

```
from django.urls import path, include
from .views import helloAPI, bookAPI, booksAPI, BookAPI, BooksAPI, BooksAPIMixins, BookA-
PIMixins

urlpatterns = [
    path("hello/", helloAPI),
    path("fbv/books/", booksAPI),
    path("fbv/book/<int:bid>/", bookAPI),
    path("cbv/books/", BooksAPI.as_view()),
    path("cbv/book/<int:bid>/", BookAPI.as_view()),
    path("mixin/books/", BooksAPIMixins.as_view()),
    path("mixin/book/<int:bid>/", BookAPIMixins.as_view()),
]
```

이후 새로고침 혹은 실행을 한 다음, 그동안 해왔던 것처럼 **127.0.0.1:8000/example/mixin/books/** 에 들어가봅시다.

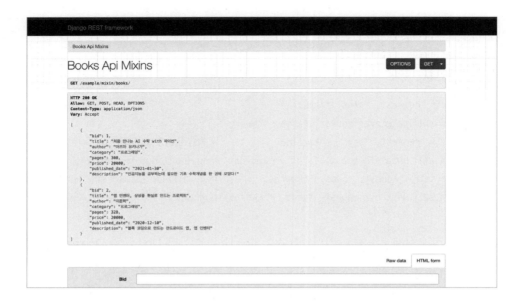

잘 작동하네요! 그런데 아래 부분에 무언가 다른 화면이 보입니다. 앞서 빈 화면에 일일이 JSON을 입력하던 것과 달리 사용자 친화적인 폼이 있네요. Mixin을 사용하며 DRF가 함께 제공해 주는 템플릿 정도로 이해할 수 있겠습니다. 127.0.0.1:8000/example/mixin/book/1/ 도 확인해볼까요?

Django REST framework

Book Api Mixins

Book Api Mixins

DELETE OPTIONS GET ▾

GET /example/mixin/book/1/

```
HTTP 200 OK
Allow: GET, PUT, DELETE, HEAD, OPTIONS
Content-Type: application/json
Vary: Accept

{
    "bid": 1,
    "title": "처음 만나는 AI 수학 with 파이썬",
    "author": "아즈마 유키나가",
    "category": "프로그래밍",
    "pages": 308,
    "price": 20000,
    "published_date": "2021-01-30",
    "description": "인공지능을 공부하는데 필요한 기초 수학개념을 한 권에 모았다!"
}
```

Raw data HTML form

Bid	1
Title	처음 만나는 AI 수학 with 파이썬
Author	아즈마 유키나가
Category	프로그래밍
Pages	308

Django REST framework

```
    "title": "처음 만나는 AI 수학 with 파이썬",
    "author": "아즈마 유키나가",
    "category": "프로그래밍",
    "pages": 308,
    "price": 20000,
    "published_date": "2021-01-30",
    "description": "인공지능을 공부하는데 필요한 기초 수학개념을 한 권에 모았다!"
}
```

Raw data HTML form

Bid	1
Title	처음 만나는 AI 수학 with 파이썬
Author	아즈마 유키나가
Category	프로그래밍
Pages	308
Price	20000
Published date	2021. 01. 30.
Description	인공지능을 공부하는데 필요한 기초 수학개념을 한 권에 모았다!

PUT

이번에는 아예 다른 버튼도 생겼습니다. DELETE 버튼이 생겼는데, 누르면 지워지는 것까지 잘 작동하네요. 그뿐만 아니라 수정할 수 있는 폼과 PUT 버튼까지 있습니다. 이렇게 mixins를 활용해 도서 정보 API를 새롭게 만들어보았습니다.

여기까지 mixins를 사용해 개발했을 때 일반적인 함수형 뷰나 클래스형 뷰에 비해 편해진 것 같나요? 무엇보다 시리얼라이저에 일일이 데이터를 넣고 처리해서 Response로 보내고 하는 과정 없이 상속받은 mixin과 연결하는 것만으로 API 구현이 끝난다는 것이 참 편하네요. 이렇게 간단히 API를 만들 수 있다니 참 놀랍습니다. 하지만 개발자의 귀찮음은 끝이 없습니다. 이보다 더 간결하게 코드를 작성하는 방법을 generics와 함께 살펴보겠습니다.

4.4.3 DRF generics

mixins 방법은 참 획기적이고 간단했습니다. REST API의 5가지 메인 기능을 단 코드 10여 줄로 끝낸다는 게 엄청나죠. 그럼에도 저 코드가 너무 귀찮다는 생각을 한 개발자들이 있습니다. mixins 방법에서 사용할 mixins를 상속받는데 한 번에 2~3개씩 상속을 받아야 하니 이게 너무 번거로운 것이죠.

그래서 DRF에는 mixins를 조합해서 미리 만들어둔 일종의 mixins 세트가 있습니다. 분식집에서 떡볶이, 튀김, 김밥 각각 단품으로 주문하던 것을 떡볶이 + 튀김, 떡볶이 + 튀김 + 김밥 등의 세트 메뉴 형태로 만들어놓은 느낌이라고 이해하면 쉬울 것 같습니다. 총 9개의 조합 종류가 있는데 각각은 다음과 같습니다.

① generics.ListAPIView (전체 목록)
② generics.CreateAPIView (생성)
③ generics.RetrieveAPIView (1개)
④ generics.UpdateAPIView (1개 수정)
⑤ generics.DestroyAPIView (1개 삭제)
⑥ generics.ListCreateAPIView (전체 목록 + 생성)
⑦ generics.RetrieveUpdateAPIView (1개 + 1개 수정)
⑧ generics.RetrieveDestroyAPIView (1개 + 1개 삭제)
⑨ generics.RetrieveUpdateDestroyAPIView (1개 + 1개 수정 + 1개 삭제)

자주 쓸만한 조합까지 이렇게 만들어두다니 DRF는 참 친절한 것 같습니다. 우리가 앞서 만든 5가지의 기능을 generics로 만들기 위해 ⑥번과 ⑨번을 사용하면 되겠습니다. 이 부분을 반영하여 코드를 작성하면 다음과 같습니다.

```
from rest_framework import generics

class BooksAPIGenerics(generics.ListCreateAPIView):
    queryset = Book.objects.all()
    serializer_class = BookSerializer

class BookAPIGenerics(generics.RetrieveUpdateDestroyAPIView):
    queryset = Book.objects.all()
    serializer_class = BookSerializer
    lookup_field = 'bid'
```

상속하는 과정은 앞서 mixins와 동일합니다. 여러 개의 mixins를 각각 상속하던 방식에서 mixins가 조합된 generics를 한 번 상속받는 것으로 끝냈습니다. 그런데 return 구문도 아예 없어졌습니다! 앞서 여러 개의 mixins를 사용하던 방식에서는 각 mixins를 메소드에 매칭시키는 과정이 필요했고 그것이 return 구문에 있었습니다. 이제 mixins가 조합된 generics를 사용하다 보니 어차피 List + Create이면 GET과 POST에 들어간다는 것을 이미 알고 있는 것이죠. 이런 부분까지 반영되어 우리는 단 8줄 만에 REST API를 작성할 수 있었습니다.

NOTE

URL 연결 및 실행 화면은 mixins와 완전 동일하기 때문에 따로 진행하지는 않겠습니다.

실제로 DRF 내부의 generics.ListCreateAPIView의 코드를 확인해 보면 아래와 같습니다.

```
class ListCreateAPIView(mixins.ListModelMixin, mixins.CreateModelMixin, GenericAPIView):
    def get(self, request, *args, **kwargs):
        return self.list(request, *args, **kwargs)

    def post(self, request, *args, **kwargs):
        return self.create(request, *args, **kwargs)
```

어디서 많이 본 코드네요! 앞에서 mixins로 만들어본 코드가 그대로 여기 있습니다. 이를 통해 generics는 결국 mixins를 조합하기만 해놓은 코드라고 할 수 있겠습니다.

4.4.4 DRF Viewset & Router

generics만으로 충분히 코드를 간소화하였지만, 더 줄일 수 있는 부분이 있습니다. 여태까지 작업했던 것은 하나의 클래스가 하나의 URL을 담당하는 방식이었습니다. URL마다 클래스를 만들었고 각 클래스에서는 해당 URL로 들어오는 다양한 메소드를 처리할 수 있도록 하였습니다.

그러다 보니 queryset이나 serializer_class 부분이 겹치게 되었습니다. 하나의 클래스로 하나의 모델을 전부 처리해 줄 수 있으면 겹치는 부분이 없어질 것입니다. Viewset에서는 그러한 문제를 해결할 수 있습니다.

Viewset은 말 그대로 View의 Set, 즉 뷰의 집합입니다. 정의 자체는 앞서 배운 것들과 다르지 않습니다. 실제로 기본적인 모습은 클래스형 뷰의 기본형과 똑같습니다. 공식 문서에서도 Viewset은 단순히 CBV의 종류 중 하나라고 합니다. 그렇지만 여기에 강력한 도구들을 붙이면 엄청난 일들이 일어납니다. 우선 첫 번째인 ModelViewSet을 살펴보겠습니다. 바로 코드부터 살펴볼까요?

```
from rest_framework import viewsets

class BookViewSet(viewsets.ModelViewSet):
    queryset = Book.objects.all()
    serializer_class = BookSerializer
```

아까 8줄 만에 만들고 짧다 생각했던 우리의 Book 모델 REST API가 단 4줄로 줄여졌습니다. ModelViewSet을 가져와 클래스를 만들면, 단지 queryset과 serializer_class를 설정해 주는 것으로 모델에 대한 기본적인 REST API가 완성됩니다. 당연히 앞서 만들었던 5가지의 기능을 모두 가지고 있습니다. ModelViewSet은 어떻게 만들어졌길래 5가지의 기능을 한 번에 구현할 수 있었을까요?

```
class ModelViewSet(mixins.CreateModelMixin,
                   mixins.RetrieveModelMixin,
                   mixins.UpdateModelMixin,
                   mixins.DestroyModelMixin,
                   mixins.ListModelMixin,
                   GenericViewSet):
    """
```

```
    A viewset that provides default `create()`, `retrieve()`, `update()`,
    `partial_update()`, `destroy()` and `list()` actions.
    """

    pass
```

DRF 내부에서 ModelViewSet을 찾아보면 위의 코드가 나옵니다. 보면 ViewSet도 결국엔 Mixin을 사용하고 있다는 것을 알 수 있습니다. 실제로 GenericViewSet 코드를 살펴보면 이것저것 처리하느라 코드가 조금 복잡하지만 결국엔 앞서 배웠던 mixin을 기반으로 작성했다고 볼 수 있습니다.

그럼 뷰를 만드는 것은 할 수 있겠는데, 다음 단계로 URL을 연결해야 합니다. ViewSet은 어떤 방식으로 URL과 연결할까요? 바로 라우터를 사용합니다.

그동안 클래스형 뷰에서 URL을 설정할 때에는 .as_view()를 아래와 같이 사용했었습니다.

```
urlpatterns = [
    path("cbv/books/", BooksAPI.as_view()),
    path("cbv/book/<int:bid>/", BookAPI.as_view()),
    path("mixin/books/", BooksAPIMixins.as_view()),
    path("mixin/book/<int:bid>/", BookAPIMixins.as_view()),
]
```

각 클래스에 .as_view()를 작성하여 주소를 직접 지정해 주어야 했습니다. 라우터를 사용한다면 아래와 같은 코드로 URL을 설정할 수 있습니다.

```
from rest_framework import routers
from .views import BookViewSet

router = routers.SimpleRouter()
router.register('books', BookViewSet)

urlpatterns = router.urls
```

코드를 살펴보면 일단 라우터 객체를 만들고 라우터에 우리의 Viewset을 등록했습니다. 그리고 urlpatterns에는 기존처럼 각 path를 일일이 등록하는 것이 아니라, router.urls를 include하며 마치 프로젝트의 urls.py에서 각 앱의 url을 불러오는 것처럼 작성하였습니다. 이와 같은 직관적이고 간단한 코드로 URL 등록까지 모두 진행할 수 있습니다.

우리가 ViewSet과 Router를 쓰는 것으로 얻을 수 있는 장점은 대표적으로 2가지가 있습니다.

- 하나의 클래스로 하나의 모델에 대한 내용을 전부 작성할 수 있으며, 그에 따라 queryset이나 serializer_ class 등 겹치는 부분을 최소화할 수 있습니다.
- 라우터를 통해 URL을 일일이 지정하지 않아도 일정한 규칙의 URL을 만들 수 있습니다.

> **NOTE**
>
> View를 표현하는 다양한 방법들을 배워왔습니다. 우리는 여태 조금 가볍게 개념과 간단한 예제 코드 위주로 살펴보았습니다. 여기까지 따라왔을 때 너무 기본적인 내용만 다뤘다거나 내용을 깊이 있게 다루지 않아 실망하신 분들도 있을 것 같습니다. 하지만 걱정 마세요. 다음 단원에서 다루는 실전 예제를 만들면서 기본적인 내용에 더할만한 스킬들을 하나씩 배워갈 것입니다.

Mixins와 generics, Viewset & Router까지 배우면서 점점 코드가 짧아지고 DRF가 대신 만들어주는 기능들이 많아졌습니다. 그러다 보면 당연히 개발자 입장에서는 할 일이 적어진다는 장점이 있습니다. 하지만 DRF가 알아서 다 해준다는 것은 개발자의 자유도가 낮아진다는 의미입니다. DRF가 많은 걸 해주는 대신 무언가 커스텀하거나 수정할 일이 생길 때 어려움을 겪을 수 있습니다. 또한 작은 프로젝트에서는 오히려 그런 것들이 과하게 느껴질 때가 있습니다.

따라서 Viewset & Router가 가장 강력한 형태라고 해서 언제나 정답인 것은 아닙니다. 상황에 따라 적절히 잘 활용할 수 있어야 하고, 아직 익숙하지 않다면 어느 정도 일일이 구현하는 것도 분명 이해에 큰 도움이 될 것입니다.

지금까지 DRF의 여러 기능들을 배워보았습니다. 우리가 그동안 배워온 DRF의 기능들은 실전 프로젝트에 뛰어들기 위해 준비한 여러 가지 도구들입니다. 도구들을 적절히 잘 활용하면 무엇 하나 못 만들 것이 없습니다. 다음 장부터 만들 프로젝트는 꽤 큰 프로젝트로, 실제 백엔드 개발자로서 프론트엔드와 연동하는 과정까지 다루는 방대한 내용을 포함한 프로젝트입니다. 하다 보면 뭔가 막연하고 어렵게 느껴지는 부분들도 있겠지만, 앞서 배운 것을 적절히 사용할 뿐이라고 생각하며 하나하나 차근차근 만들어봅시다. 또한 이것저것 새로운 것도 배울 수 있을 테니 재밌게 진행해 보도록 하겠습니다!

연습 프로젝트 : Todo 목록 API 만들기

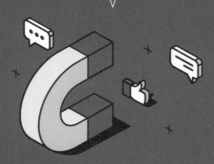

5.1 Todo 목록 API 시작하기

DRF를 활용해 본격적으로 개발할 프로젝트는 Todo 목록 서비스입니다. 먼저 Todo 목록 API 서비스를 개발해 보겠습니다.

5.1.1 Django 기반 Todo 목록 웹 서비스 복습

잠깐 시간을 뒤로 돌려 Django 기반 Todo 서비스를 복습해 보겠습니다. 우리가 간단히 만들었던 Todo 서비스는 완료되지 않은 Todo와 완료된 Todo를 나눠서 목록으로 볼 수 있었고, Todo에 대한 목록 및 상세 조회가 가능했습니다. 당연히 수정 기능도 있었고, Todo를 완료시키는 기능도 제공하였습니다. 이제 우리는 Todo 서비스를 프론트 영역과 분리시켜, API의 형태로 개발하려 합니다.

5.1.2 프로젝트 생성하기

프로젝트를 생성하며 개발할 준비를 하겠습니다. 앞서 진행했던 절차와 동일하게 프로젝트를 생성, 세팅합니다.

가상 환경 세팅

첫 단계는 가상 환경 세팅입니다.

```
~/Projects/DRF-Projects/05_DRFTodo $ python3 --version        # Python 3.10.1 이라고 나오는지 확인
~/Projects/DRF-Projects/05_DRFTodo $ python3 -m venv myvenv      # 나만의 가상 환경 myvenv 생성
~/Projects/DRF-Projects/05_DRFTodo $ source myvenv/bin/activate   # myvenv를 실행(활성화)
(myvenv) ~/Projects/DRF-Projects/05_DRFTodo $                    # 설정 완료!
```

장고 설치

다음으로 활성된 가상 환경에서 django와 djangorestframework 패키지를 설치합니다.

```
(myvenv) ~/Projects/DRF-Projects/05_DRFTodo $ pip install django~=3.2.10 djangorestframework~=3.13.1
```

장고 프로젝트 생성

장고가 설치되었다면 django-admin을 통해 mytodo 프로젝트를 시작합니다.

```
(myvenv) ~/Projects/DRF-Projects/05_DRFTodo $ django-admin startproject mytodo .
# .을 빼먹지 않도록 주의하세요! .은 현재 위치에 프로젝트를 만들라는 뜻입니다.
```

todo 앱 생성

mytodo 프로젝트에 todo 앱을 추가하여 기본적인 프로젝트 생성을 마치겠습니다.

```
(myvenv) ~/Projects/DRF-Projects/05_DRFTodo $ python manage.py startapp todo
```

5.1.3 Todo 프로젝트 설정하기

본격적으로 개발에 들어가기 앞서 기본적인 설정을 먼저 진행하겠습니다. rest_framework 앱을 추가하고 앞서 todo 앱을 생성했으므로 settings.py에 앱을 추가하겠습니다. 또한 다른 기본 설정값도 적용하겠습니다.

```
...

ALLOWED_HOSTS = ['127.0.0.1']

# Application definition

INSTALLED_APPS = [
    'django.contrib.admin',
    'django.contrib.auth',
    'django.contrib.contenttypes',
    'django.contrib.sessions',
    'django.contrib.messages',
    'django.contrib.staticfiles',
    'rest_framework',
    'todo',
]

...

TIME_ZONE = 'Asia/Seoul'
```

그리고 이후 개발에 필요한 파일들을 미리 만들어놓겠습니다. todo 앱 폴더 안에 serializers.py, models.py, urls.py를 생성합니다.

마지막으로 관리자 계정을 생성하겠습니다.

```
(myvenv) ~/Projects/DRF-Projects/05_DRFTodo $ python manage.py createsuperuser
```

5.1.4 Todo 모델 생성하기

모델은 앞서 Django로 개발한 Todo 서비스와 동일합니다. 개발되는 형태만 달라졌을 뿐, 다루는 데이터는 동일하기 때문에 우리는 앞서 작성한 모델을 그대로 가져다 쓸 수 있습니다.

```python
# todo/models.py
from django.db import models


# Create your models here.
class Todo(models.Model):
    title = models.CharField(max_length=100)
    description = models.TextField(blank=True)
    created = models.DateTimeField(auto_now_add=True)
    complete = models.BooleanField(default=False)
    important = models.BooleanField(default=False)

    def __str__(self):
        return self.title
```

5.2 Todo 전체 조회 API 만들기

Todo 전체 조회 기능을 개발해 보겠습니다.

5.2.1 Todo 전체 조회 시리얼라이저 만들기

DRF 개발의 첫 단계는 시리얼라이저 개발입니다. 시리얼라이저는 앞서 공부했던 것처럼 데이터를 원하는 형태로 보내고 받기 위한 일종의 양식입니다. 따라서 보내고 받는 형태에 따라 다른 시리얼라이저가 필요합니다. 첫 번째로 개발할 시리얼라이저는 전체 조회용 시리얼라이저인데, 전체 조회에서는 Todo 설명을 제외한 제목, 완료 여부, 중요 여부가 필요하기 때문에 이들만을 포함한 간단한 시리얼라이저를 만들겠습니다.

```python
# todo/serializers.py
from rest_framework import serializers
from .models import Todo


class TodoSimpleSerializer(serializers.ModelSerializer):
    class Meta:
        model = Todo
        fields = ('id', 'title', 'complete', 'important')
```

serializers.ModelSerializer를 활용해 간단히 시리얼라이저를 완성했으며, TodoSimpleSerializer라고 이름 붙였습니다.

5.2.2 Todo 전체 조회 뷰 만들기

다음은 뷰입니다. 앞서 배웠을 때 뷰를 작성할 수 있는 방법은 정말 다양했습니다. 함수형 뷰부터 시작하여 APIView, generics, 그리고 ViewSet까지 다양한 방법으로 뷰를 개발할 수 있었습니다. 모델에 대한 일반적인 CRUD를 개발할 때에는 ViewSet만큼 빠르고 편한 게 없지만, 이번 프로젝트에서는 Todo 완료 및 조회 기능이 포함되어 있기 때문에 ViewSet보단 APIView를 활용해 한 땀 한 땀 직접 개발하는 방식으로 진행하겠습니다. 물론 방법은 다양하므로 각자 편한 방식을 선택하면 됩니다.

```python
# todo/views.py
from rest_framework import status
from rest_framework.response import Response
from rest_framework.views import APIView
```

```python
from rest_framework import viewsets

from .models import Todo
from .serializers import TodoSimpleSerializer


class TodosAPIView(APIView):
    def get(self, request):
        todos = Todo.objects.filter(complete=False)
        serializer = TodoSimpleSerializer(todos, many=True)
        return Response(serializer.data, status=status.HTTP_200_OK)
```

전체 조회 뷰는 GET 방식으로 요청을 처리합니다. 따라서 TodosAPIView라는 클래스를 만들고 내부의 get 메소드에서 complete이 False인 Todo들을 필터링하도록 합니다. 이후 시리얼라이저를 통과시켜 보낼 수 있는 형태로 변환한 다음, 이를 Response 객체 형태로 전달하는 과정으로 작성할 수 있습니다.

5.2.3 Todo 전체 조회 URL 연결하기

이제 url만 연결하면 놀랍게도 구현이 완료됩니다. TodosAPIView 클래스는 todo/에 주소를 할당하겠습니다. 이후 개발할 다른 메소드도 해당 주소를 사용하게 됩니다.

```python
# todo/urls.py
from django.urls import path

from .views import TodosAPIView

urlpatterns = [
    path('todo/', TodosAPIView.as_view()),
]
```

```python
#mytodo/urls.py
from django.contrib import admin
from django.urls import path, include

urlpatterns = [
    path('admin/', admin.site.urls),
    path('', include('todo.urls')),
]
```

5.2.4 Todo 전체 조회 API 테스트하기

테스트에 앞서, 관리자 페이지에 들어가 미리 Todo를 추가해놓겠습니다. 대략 다음과 같은 형태로 추가하면 됩니다.

> **NOTE**
>
> Todo를 추가하기 위해서는 admin.py에 Todo 모델을 등록해야 하는 점을 잊지 마세요!

앞서 사용했던 Insomnia 도구를 켜서 API 테스트를 진행하겠습니다. GET 요청으로 127.0.0.1:8000/todo/ 에 요청을 보내겠습니다.

관리자 페이지에 추가했던 Todo 목록들이 나타나며 전체 Todo 중 완료되지 않은 Todo만 필터링되어 나오는 것을 볼 수 있습니다.

5.3 Todo 상세 조회 API 만들기

Todo 상세 조회 기능을 개발해 보겠습니다.

5.3.1 상세 조회용 Todo 시리얼라이저 만들기

이번에는 Todo 상세 조회용 시리얼라이저입니다. 앞서 개발한 시리얼라이저가 TodoSimpleSerializer
였으니 이번에는 TodoDetailSerializer라는 이름으로 개발하겠습니다. 필드는 Todo 모델의 모든 필드
로 설정하면 되겠습니다.

```python
# todo/serializers.py
from rest_framework import serializers
from .models import Todo


class TodoSimpleSerializer(serializers.ModelSerializer):
    class Meta:
        model = Todo
        fields = ('id', 'title', 'complete', 'important')


class TodoDetailSerializer(serializers.ModelSerializer):
    class Meta:
        model = Todo
        fields = ('id', 'title', 'description', 'created', 'complete',
                  'important')
```

5.3.2 Todo 상세 조회 뷰 만들기

상세 조회 역시 GET 방식으로 통신합니다. 전체 조회와는 주소가 다르기 때문에 클래스를 구분해야
합니다.

> **NOTE**
>
> 기본적으로 클래스를 기준으로 URL을 분리한다고 생각하면 편합니다. 같은 클래스 ▶ 같은 URL

```python
# todo/views.py
from rest_framework import status
```

```python
from rest_framework.generics import get_object_or_404
from rest_framework.response import Response
from rest_framework.views import APIView

from rest_framework import viewsets

from .models import Todo
from .serializers import TodoSimpleSerializer, TodoDetailSerializer


class TodosAPIView(APIView):
    def get(self, request):
        todos = Todo.objects.filter(complete=False)
        serializer = TodoSimpleSerializer(todos, many=True)
        return Response(serializer.data, status=status.HTTP_200_OK)


class TodoAPIView(APIView):
    def get(self, request, pk):
        todo = get_object_or_404(Todo, id=pk)
        serializer = TodoDetailSerializer(todo)
        return Response(serializer.data, status=status.HTTP_200_OK)
```

TodoAPIView라는 클래스를 만들고 get 메소드에서 Todo 객체를 가져오도록 처리합니다. 그리고 TodoDetailSerializer에 Todo 객체를 통과시킨 다음 Response로 전달합니다.

5.3.3 Todo 상세 조회 URL 연결하기

TodoAPIView는 특정 Todo의 id를 기반으로 구분되므로 todo// 주소에 TodoAPIView를 할당하겠습니다.

```python
# todo/urls.py
from django.urls import path

from .views import TodosAPIView, TodoAPIView

urlpatterns = [
    path('todo/', TodosAPIView.as_view()),
    path('todo/<int:pk>/', TodoAPIView.as_view()),
]
```

5.3.4 Todo 상세 조회 API 테스트하기

이번엔 GET 요청으로 127.0.0.1:8000/todo/2/에 요청을 보내겠습니다.

선택한 Todo의 정보를 조회하는 것을 확인했습니다.

5.4 Todo 생성 API 만들기

Todo 생성 API를 개발해 보겠습니다.

5.4.1 생성용 Todo 시리얼라이저 만들기

Todo 생성에 필요한 입력 값은 title과 description, important 뿐입니다. 나머지 필드는 자동으로 채워지기 때문입니다. 따라서 Todo 생성용 시리얼라이저인 TodoCreateSerializer에는 3개의 필드만 작성해 놓으면 됩니다.

```python
# todo/serializers.py
from rest_framework import serializers
from .models import Todo


class TodoSimpleSerializer(serializers.ModelSerializer):
    class Meta:
        model = Todo
        fields = ('id', 'title', 'complete', 'important')


class TodoDetailSerializer(serializers.ModelSerializer):
    class Meta:
        model = Todo
        fields = ('id', 'title', 'description', 'created', 'complete',
class TodoCreateSerializer(serializers.ModelSerializer):
    class Meta:
```

```
        model = Todo
        fields = ('title', 'description', 'important')
```

5.4.2 Todo 생성 뷰 만들기

Todo 생성은 /todo URL에서 동작할 것입니다. 특정 Todo의 id가 필요 없는 작업이기 때문입니다. 따라서 Todo 생성 뷰는 TodosAPIView 클래스 내에 포함될 수 있습니다. Todo 생성은 POST 방식으로 통신하도록 작성할 수 있습니다.

```python
# todo/views.py
from rest_framework import status
from rest_framework.generics import get_object_or_404
from rest_framework.response import Response
from rest_framework.views import APIView

from rest_framework import viewsets

from .models import Todo
from .serializers import TodoSimpleSerializer, TodoDetailSerializer, TodoCreateSerializer


class TodosAPIView(APIView):
    def get(self, request):
        todos = Todo.objects.filter(complete=False)
        serializer = TodoSimpleSerializer(todos, many=True)
        return Response(serializer.data, status=status.HTTP_200_OK)

    def post(self, request):
        serializer = TodoCreateSerializer(data=request.data)
        if serializer.is_valid():
            serializer.save()
            return Response(serializer.data, status=status.HTTP_201_CREATED)
        return Response(serializer.errors, status=status.HTTP_400_BAD_REQUEST)


class TodoAPIView(APIView):
    def get(self, request, pk):
        todo = get_object_or_404(Todo, id=pk)
        serializer = TodoDetailSerializer(todo)
        return Response(serializer.data, status=status.HTTP_200_OK)
```

TodosAPIView 클래스 내 post 메소드에서 전달받은 데이터를 TodoCreateSerializer에 통과시켜 파이썬 모델 객체로 만들겠습니다. 이에 대한 유효성을 검사하고 저장하며, 유효하지 않을 경우 에러를 출력하도록 합니다.

5.4.3 Todo 생성 URL 연결하기

앞서 TodosAPIView에 대한 URL을 할당했기 때문에 별도의 작업은 필요 없습니다.

```
# todo/urls.py
from django.urls import path

from .views import TodosAPIView, TodoAPIView

urlpatterns = [
    path('todo/', TodosAPIView.as_view()),
    path('todo/<int:pk>/', TodoAPIView.as_view()),
]
```

5.4.4 Todo 생성 API 테스트하기

생성 API 테스트를 위해 POST 요청으로 127.0.0.1:8000/todo/에 요청을 보내며, Body에는 JSON 형태로 값을 채워넣었습니다. 우리는 title, description 그리고 필요에 따라 important만 넣으면 됩니다.

생성이 잘 되었는지 전체 조회 API로 확인해 보면 전체 조회가 잘 되는 것을 확인할 수 있습니다.

5.5 Todo 수정 API 만들기

Todo 수정 API를 개발해 보겠습니다.

5.5.1 Todo 수정 뷰 만들기

Todo 수정 API는 앞서 작성한 Todo 생성과 거의 동일합니다. 동일한 필드를 다루기 때문에 시리얼라이저도 따로 작성할 필요 없이 TodoCreateSerializer를 활용할 수 있습니다. 그리고 Todo 수정은 특정 Todo에 대해 이뤄지므로 TodoAPIView 클래스에 포함시키면 되겠습니다.

```python
# todo/views.py
from rest_framework import status
from rest_framework.generics import get_object_or_404
from rest_framework.response import Response
from rest_framework.views import APIView

from rest_framework import viewsets

from .models import Todo
from .serializers import TodoSimpleSerializer, TodoDetailSerializer, TodoCreateSerializer


class TodosAPIView(APIView):
    def get(self, request):
        todos = Todo.objects.filter(complete=False)
        serializer = TodoSimpleSerializer(todos, many=True)
        return Response(serializer.data, status=status.HTTP_200_OK)

    def post(self, request):
        serializer = TodoCreateSerializer(data=request.data)
        if serializer.is_valid():
            serializer.save()
            return Response(serializer.data, status=status.HTTP_201_CREATED)
        return Response(serializer.errors, status=status.HTTP_400_BAD_REQUEST)


class TodoAPIView(APIView):
    def get(self, request, pk):
        todo = get_object_or_404(Todo, id=pk)
        serializer = TodoDetailSerializer(todo)
        return Response(serializer.data, status=status.HTTP_200_OK)
    def put(self, request, pk):
```

```
        todo = get_object_or_404(Todo, id=pk)
        serializer = TodoCreateSerializer(todo, data=request.data)
        if serializer.is_valid():
            serializer.save()
            return Response(serializer.data, status=status.HTTP_200_OK)
        return Response(serializer.errors, status=status.HTTP_400_BAD_REQUEST)
```

수정 기능은 put 메소드 형태로 작성할 수 있습니다. 특정 Todo를 찾아서 요청으로 전달받은 데이터를 시리얼라이저에 통과시켜 저장하는 방식으로, 앞서 개발한 Todo 생성 API와 동일한 방식임을 알 수 있습니다.

5.5.2 Todo 수정 URL 연결하기

역시 TodoAPIView는 이미 URL에 연결되어 있으므로 추가적인 연결 작업은 필요 없습니다.

```python
# todo/urls.py
from django.urls import path

from .views import TodosAPIView, TodoAPIView

urlpatterns = [
    path('todo/', TodosAPIView.as_view()),
    path('todo/<int:pk>/', TodoAPIView.as_view()),
]
```

5.5.3 Todo 수정 API 테스트하기

수정 API는 PUT 요청으로 127.0.0.1:8000/todo/2/에 요청하면 됩니다. 이때 원하는 Todo의 원본 내용에 일부 수정하여 요청을 보내보겠습니다.

수정이 잘된 것을 확인할 수 있습니다.

5.6 Todo 완료 API 만들기

마지막으로 Todo 완료 API를 개발해 보겠습니다.

5.6.1 Todo 완료 뷰 만들기

Todo 완료 기능만 개발하면 Todo 프로젝트도 마무리됩니다. Todo 완료 API는 별도의 클래스에 작성할 것이며, 역시 완료 목록 조회용 API와 특정 Todo 완료 API가 필요합니다. 각 API는 Todo id 필요여부에 따라 주소가 다르기 때문에 조금 번거롭지만 각각 하나의 클래스로 작성해야 하겠습니다.

먼저 완료 Todo 목록 조회용 API입니다.

```python
# todo/views.py
from rest_framework import status
from rest_framework.generics import get_object_or_404
from rest_framework.response import Response
from rest_framework.views import APIView

from rest_framework import viewsets

from .models import Todo
from .serializers import TodoSimpleSerializer, TodoDetailSerializer, TodoCreateSerializer


class TodosAPIView(APIView):
    ...


class TodoAPIView(APIView):
    ...


class DoneTodosAPIView(APIView):
    def get(self, request):
        dones = Todo.objects.filter(complete=True)
        serializer = TodoSimpleSerializer(dones, many=True)
        return Response(serializer.data, status=status.HTTP_200_OK)
```

DoneTodosAPIView라는 클래스 내에 get 메소드를 생성하였습니다. complete가 True인 Todo만 필터링하여 이를 TodoSimpleSerializer에 전달하는 등 앞서 개발한 Todo 전체 조회 API와 동일합니다.

5.6.2 Todo 완료 조회 뷰 만들기

다음은 Todo 완료 API의 뷰입니다.

```python
# todo/views.py
from rest_framework import status
from rest_framework.generics import get_object_or_404
from rest_framework.response import Response
from rest_framework.views import APIView

from rest_framework import viewsets

from .models import Todo
from .serializers import TodoSimpleSerializer, TodoDetailSerializer, TodoCreateSerializer


class TodosAPIView(APIView):
    ...


class TodoAPIView(APIView):
    ...


class DoneTodosAPIView(APIView):
    def get(self, request):
        dones = Todo.objects.filter(complete=True)
        serializer = TodoSimpleSerializer(dones, many=True)
        return Response(serializer.data, status=status.HTTP_200_OK)


class DoneTodoAPIView(APIView):
    def get(self, request, pk):
        done = get_object_or_404(Todo, id=pk)
        done.complete = True
        done.save()
        serializer = TodoDetailSerializer(done)
        return Response(status=status.HTTP_200_OK)
```

이는 DoneTodoAPIView 클래스 내 get 메소드 형태로 구성하였으며, 특정 Todo를 찾아 complete를 True로 설정하여 저장합니다. 다른 메소드를 사용해도 되지만 간단한 요청이므로 GET 방식으로 작성했습니다.

어디까지나 수정하는 API이기 때문에 PUT이나 PATCH와 같은 메소드를 활용할 수 있습니다.

5.6.3 Todo 완료 URL 연결하기

앞서 연결한 방식과 동일하게 URL을 연결하면 완료됩니다. 각각 done/, done//에 연결할 수 있습니다.

```python
# todo/urls.py
from django.urls import path

from .views import TodosAPIView, TodoAPIView, DoneTodosAPIView, DoneTodoAPIView

urlpatterns = [
    path('todo/', TodosAPIView.as_view()),
    path('todo/<int:pk>/', TodoAPIView.as_view()),
    path('done/', DoneTodosAPIView.as_view()),
    path('done/<int:pk>/', DoneTodoAPIView.as_view()),
]
```

5.6.4 Todo 완료 API 테스트하기

우선 GET 요청으로 127.0.0.1:8000/done/에 요청을 보내면 기존에 있던 Done 목록이 나타나는 것을 볼 수 있습니다.

여기서 2번 Todo를 Done으로 만들기 위해 GET 요청으로 127.0.0.1:8000/done/2/ 를 호출합니다.

요청이 잘 처리되며, 실제로 Done 목록에 추가된 것을 볼 수 있습니다.

Chapter 6

실전 프로젝트!
Django REST Framework + React.js 게시판 만들기

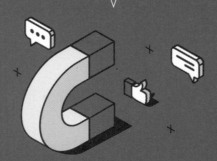

6.1 Hello, 게시판 프로젝트

이 책의 메인 프로젝트인 게시판 프로젝트를 시작하겠습니다. DRF 기반으로 만들고, React.js와 연동하는 방법에 대해서도 소개합니다.

6.1.1 프로젝트 소개: 게시판

드디어 대망의 메인 프로젝트인 게시판 프로젝트입니다. 게시판이 메인 프로젝트라는 것에 실망한 분들도 있을 것 같습니다. 아무래도 대부분의 웹 서적이나 강의에서 예시로 만드는 프로젝트들이 게시판 프로젝트인 경우가 많아서일 텐데, 게시판을 가장 기본적인 예제로 게시판을 채택하는 데에는 다 이유가 있습니다. 우리가 만들 게시판 프로젝트를 기능 단위로 살펴보겠습니다.

우선 게시판에 없으면 안 되는 회원 관련 기능이 있습니다. 회원가입을 하고, 로그인을 하여 글을 쓸 수 있습니다. 당연하지만 로그인하지 않은 사용자는 글을 쓸 수 없고, 댓글도 달 수 없습니다. 그래도 우리 게시판은 모두에게 열려있는 게시판으로, 글을 보는 것까지는 누구나 할 수 있습니다. 회원 관련하여 만들 기능들을 종합하여 정리하면 아래와 같습니다. 분량과 난이도를 고려하여 소셜 로그인은 포함하지 않았지만, 이 책을 마무리한 여러분들은 스스로 충분히 구현할 수 있을 것이라 생각합니다.

> **회원 관련 기능**
> - 회원 프로필 관리(닉네임, 관심사, 프로필 사진 등)
> - 회원가입 기능
> - 로그인 기능
> - 프로필 수정하기 기능

다음은 게시판의 꽃인 게시글 관련 기능입니다. 게시글은 흔히 말하는 CRUD, 생성하고 가져오고 수정하고 삭제하는 백엔드의 핵심 4가지 기능을 포함할 것입니다. 하지만 앞서 ViewSet 등을 배웠기 때문에 구현하는데 큰 어려움은 없었습니다. 대신 게시글과 관련될 수 있는 여러 부가적인 기능들, 이를테면 어떤 조건에 따라 게시글들을 필터링하거나 권한을 설정하고, 좋아요를 누를 수 있는 기능들을 구현하면서 DRF의 모든 영역을 맛보겠습니다.

게시글 관련 기능
- 게시글 생성
- 게시글 1개 가져오기 / 게시글 목록 가져오기(가져오는 개수 제한하기)
- 게시글 수정하기
- 게시글 삭제하기
- 게시글 좋아요 기능
- 게시글 필터링(좋아요 누른 글 / 내가 작성한 글)
- 게시글 각 기능마다 권한 설정

마지막으로 게시글에 빠지면 섭섭한 댓글 기능입니다. 전반적인 구조는 게시글 관련 기능과 비슷하며, 둘 사이의 관계를 만드는 작업이 제일 중요한 부분일 것입니다. 책에서는 다루지 않겠지만 대댓글과 같은 기능도 구현해 본다면 분명 재밌고 의미있는 시간이 될 것입니다.

댓글 관련 기능
- 댓글 생성
- 댓글 1개 가져오기 / 댓글 목록 가져오기
- 댓글 수정하기
- 댓글 삭제하기
- 게시글을 가져올 때 댓글도 가져오게 만들기

여기까지가 백엔드 개발자인 여러분들이 만들어야 하는 기능들입니다. 분명 실제 서비스에서 쓰일만한 몇 가지 기능들을 제외했음에도 할 일이 상당히 많고 복잡해 보입니다. 앞서 DRF의 강력한 도구들을 많이 배웠고, 실제로 이들이 우리의 작업을 많이 도와주겠지만 프로젝트를 설계하고 각 요소들 간 관계가 꼬이지 않고, 제대로 모두가 동작하게끔 만드는 것은 오롯이 우리 개발자들의 몫입니다.

이제 게시판을 웹 개발의 가장 기본적인 예제로 채택하는 이유를 어느 정도 이해하셨을 것입니다. 게시판 프로젝트를 제대로 이해한다면 여기에 몇 가지 기능을 덧붙여 쇼핑몰로 만들거나, SNS와 같은 서비스를 만드는 데에도 응용할 수 있을 것입니다. 웬만한 모든 웹 프로젝트는 게시판을 기초로 하는 형태이기 때문에 조금 뻔한 예제일지라도 잘 만들어보면 좋을 것 같습니다.

백엔드 개발을 할 때 제일 아쉬운 부분 중 하나는 내가 만든 REST API를 그저 Insomnia와 같은 API 테스트 도구로만 확인할 수 있다는 것입니다. 책의 초반부에 웹이 프론트엔드와 백엔드로 나뉘어 있다고 하였고, 이들은 REST API라는 방법으로 통신을 하게 됨에 따라 서로 간 크게 간섭할 일이 없다고 했습니다. 그저 요청한 데이터를 규격화된 양식(Json)으로 제대로 잘 응답하기만 하면 되기 때문에 실무에서는 상당히 편리하겠지만, 공부하는 우리 입장에서는 상당히 난감하기 따름입니다. 내가 만든 REST API가 어떻게 쓰이는지 알려줄 프론트엔드 개발자가 절실해지는 순간입니다.

독자 여러분들이 직접 프론트엔드를 만들지 않도록 하기 위해 제가 어설픈 React 실력으로 게시판 프론트엔드를 만들어보았습니다. 미리 백엔드 API 주소를 다 입력해놓았으니, 여러분들은 그저 책과 함께 백엔드를 개발하면서 옆에 리액트 프론트엔드 프로젝트를 띄워놓고 백엔드의 변화가 프론트엔드에 어떻게 영향을 주는지 확인해 보면 됩니다. 저의 React 실력은 매우 Poor하기 때문에, 직접 프론트엔드를 만드는 것도 적극 권장드리며 Insomnia 만으로 결과를 확인하는 것도 여러분들이 백엔드 개발을 하는 데 있어 전혀 문제가 되지 않습니다. React 프로젝트를 예시로 제공해드리는 이유는 최대한 실제 프로젝트에서 적용될 환경과 비슷하게 만들기 위함입니다. 어쨌든 가장 많이 쓰이는 프론트엔드 기술이니까요!

https://taebbong.github.io/2022/12/14/2022-12-14-react-drf/

제공된 리액트 프로젝트를 함께 연동하기 위해 필요한 내용을 위 링크에 정리하였으니 참고 바랍니다.

6.1.2 프로젝트 세팅하기

지금까지 해봤던 DRF 프로젝트 중 가장 큰 프로젝트이니 심호흡 한 번 하고 프로젝트에 필요한 모든 것을 준비해 봅시다.

우선 프로젝트 생성입니다. 앞서 진행했던 것과 마찬가지로 프로젝트를 생성해 봅시다. 이제는 설명이 없어도 충분히 프로젝트를 생성할 수 있습니다. 프로젝트 이름은 myboard로 하겠습니다.

```
~/Projects/DRF-Projects/04_MyBoard $ python3 -m venv myvenv
~/Projects/DRF-Projects/04_MyBoard $ source myvenv/bin/activate
(myvenv) ~/Projects/DRF-Projects/04_MyBoard $ pip install django==3.1.6 djangorestframe-
work==3.12.2
(myvenv) ~/Projects/DRF-Projects/04_MyBoard $ django-admin startproject myboard .
```

프로젝트가 생성되었으면 settings.py에 DRF 앱을 등록하고 TIME_ZONE을 설정해 봅시다.

```
# myboard/settings.py
INSTALLED_APPS = [
    'django.contrib.admin',
    'django.contrib.auth',
```

```
    'django.contrib.contenttypes',
    'django.contrib.sessions',
    'django.contrib.messages',
    'django.contrib.staticfiles',
    'rest_framework',
]
...


TIME_ZONE = 'Asia/Seoul'


...
```

API 테스트를 위한 Insomnia를 세팅하고 준비를 마치겠습니다. 앞서 살펴본 것처럼 다뤄야 할 기능들이 많기 때문에 미리 폴더를 만들어놓겠습니다.

어느 정도 세팅이 마무리된 것 같으니 프로젝트를 시작해 보겠습니다.

6.2 앱: 회원

회원 앱을 만들고 회원 관련 기능을 구현하겠습니다.

6.2.1 Django 기본 User 모델

프로젝트를 시작하기에 앞서, 프로젝트의 첫 단계인 회원 관련 기능에서 필수적인 개념들을 몇 가지 공부하고 넘어가겠습니다.

회원이라는 개념은 그다지 특별한 것이 아닙니다. 대부분의 프로젝트에 회원 관련 기능들이 들어가고, 사실상 회원을 다루지 않는 서비스가 없다시피 할 정도로 회원 기능은 보편적입니다. 이 정도로 보편적인 기능을 Django가 미리 만들어 놓지 않았을 리가 없겠죠? Django는 User라고 하는 기본 모델을 이미 만들어놓았습니다. 모델이 만들어져 있기 때문에 회원 관련 기능을 구현할 때 회원 모델을 따로 만들지 않아도 진행할 수 있을 것입니다. 사실 우리는 이미 이 User 모델을 만나본 적이 있습니다. 앞서 관리자 페이지 접속을 위한 관리자 계정을 생성할 때 사용한 명령어가 기억나시나요??

```
(myvenv) $ python manage.py createsuperuser
```

createsuperuser 명령어를 통해 생성한 superuser는 Django의 기본 User 모델에 선언되어 있는 superuser, 즉 관리자입니다. 이 과정을 실제로 구현하려면 사용자 모델을 선언하고 관리자를 설정하는 등의 과정이 필요하겠지만 Django의 기본 User 모델을 사용함으로 이 복잡한 과정을 대체하였습니다.

기본 User 모델은 django.contrib.auth.models 안에 있습니다. django.contrib.auth는 Django가 미리 auth(Authentication, 인증)을 위해 만들어놓은 앱이며, 이는 settings.py에 이미 등록되어 있었습니다.

```
# myboard/settings.py
INSTALLED_APPS = [
    'django.contrib.admin',
    'django.contrib.auth',
    'django.contrib.contenttypes',
    'django.contrib.sessions',
    'django.contrib.messages',
    'django.contrib.staticfiles',
    'rest_framework',
]
```

나중에 User 모델에 접근하기 위해서는 아래와 같이 불러오면 되겠습니다.

```
from django.contrib.auth.models import User
```

기본 User 모델은 아래와 같은 필드를 선언해놓았습니다. 총 12개의 필드가 있는데, 이 중에서 우리가 살펴볼 필드는 총 5개입니다.

▼ User 모델의 대표적인 필드

필드명	타입	설명
username	문자열	흔히 아는 ID가 들어가는 필드입니다. ID인만큼 다른 사용자와 겹치면 안됩니다. 필수적으로 요구됩니다.
first_name	문자열	영문 이름에서 사용되는 이름 개념입니다. 선택적으로 사용할 수 있습니다.
last_name	문자열	영문 이름에서 사용되는 성 개념입니다. 선택적으로 사용할 수 있습니다.
email	문자열	회원의 이메일 주소입니다. 선택적으로 사용할 수 있습니다.
password	문자열	비밀번호입니다. 당연히 필수적인 필드이며, 실제로 입력한 비밀번호 문자열 그대로 저장하지 않고 해시값을 저장합니다. Django에서 비밀번호를 안전하게 보관하는 해시 알고리즘에 대해서는 아래 글에서 확인할 수 있습니다. https://docs.djangoproject.com/en/3.1/topics/auth/passwords/

이외에도 여러 필드가 있지만 이 책에서 다루는 범위를 벗어납니다. 또한 User의 기본 메소드 등도 선언되어 있는데, 필요한 것은 쓸 때 알아보도록 합니다. 좀 더 자세한 내용이 궁금하다면 아래 공식 문서에서 확인해볼 수 있습니다.

https://docs.djangoproject.com/en/3.1/ref/contrib/auth/

일단 우리는 Django의 기본 User 모델만을 사용하여 회원 기능을 구현해 보려 합니다. 회원 관련 필드가 살짝 부실해 보이지만 나중에 이를 확장하는 방법을 배울 것입니다. 그 전에 기본 User 모델을 사용해 회원 인증 관련 개념을 이해해 보도록 합시다.

6.2.2 회원 인증 개념 이해하기

앞서 간단히 살펴본 것처럼, 프론트엔드 즉 클라이언트가 서버에 요청을 보낼 때는 HTTP라는 프로토콜로 통신하게 됩니다. 우리 서버는 HTTP 통신으로 들어오는 수많은 요청에 대해 누가 누군지 알아야 할 것입니다. 그래야 각 회원들이 요청하는 기능들을 동작시켜줄 수 있을테니까요. 따라서 클라이언트는 서버로 요청을 보낼 때 HTTP 메시지에 내가 누구인지 적어서 보내줍니다. 서버에게 "내가 유저야!"라는 사실을 확인받는 과정을 인증이라고 합니다. HTTP 메시지의 어느 부분에 어떻게 적느냐에 따라 인증 방식이 나뉘어지게 됩니다. 가장 쉬운 방법부터 점차 복잡한 방법들을 살펴보겠습니다.

ID와 PW를 그대로 담아 보내기

서버에게 인증받기 위해 본인의 ID와 PW를 그대로 적어서 보내줍니다. 아까 Django는 보안을 위해 기본적으로 회원의 비밀번호를 해시값으로 저장한다 하였지만, 클라이언트 입장에서는 Django가 사용하는 해시 알고리즘을 모르기 때문에 그냥 비밀번호를 통째로 적어줄 테니 Django 네가 알아서 직접 확인해 봐라는 방식이 이 방식입니다. 이는 상당히 취약한 방법이며 기껏 Django(서버)가 보안을 신경쓰더라도 누군가가 중간에 이 요청을 가로챈다면 클라이언트가 적어놓은 회원의 ID와 PW를 그대로 볼 수 있습니다.

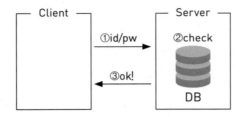

세션 & 쿠키

세션과 쿠키는 한번쯤 들어봤을만한 용어입니다. 일단 세션은 서버 쪽에서 저장하는 정보, 쿠키는 클라이언트의 자체적인 저장소 정도로 이해하겠습니다. 개념적으로 봤을 때 쿠키는 그 자체로 데이터라기보다 데이터를 저장해놓는 임시 저장소라고 할 수 있습니다.

앞서 살펴봤던 방식과 다른 점은 로그인을 하고 난 후 매 요청마다 ID와 PW를 보내지 않고, 로그인 후 발급되는 세션 ID를 보냄으로 인증을 대체한다는 점입니다. 앞서 설명했던 방식은 인증이 필요한 매 순간마다 ID와 PW를 보내야 하기 때문에 누군가가 요청을 가로챘을 때 ID와 PW가 노출될 가능성이 농후합니다. 세션 쿠키 방식은 처음 로그인을 하면 서버 측에서 해당 로그인 정보로 세션을 생성합니다. 그리고 클라이언트에게 세션의 ID를 응답으로 보냅니다. 클라이언트는 응답으로 받은 세션 ID를 쿠키 저장소에 보관합니다. 이후 클라이언트는 요청을 보낼 때마다 세션 ID를 쿠키에서 꺼내와 HTTP 헤더에 넣어 보내고, 서버는 세션 ID를 바탕으로 저장된 세션을 탐색해 요청을 보낸 유저가 맞는지 확인, 인증하게 됩니다. 이것이 세션 & 쿠키 방식의 인증입니다.

이 방식대로 하면 앞서 봤던 것처럼 HTTP 요청이 가로채졌을 때 ID와 PW가 노출되지 않습니다. 세션 ID 자체는 어떤 의미있는 정보가 없기 때문입니다. 하지만 마찬가지로 세션 ID가 노출될 수 있고, 누군가가 이 세션 ID를 헤더에 넣어 요청하게 된다면 서버는 이것이 같은 유저인지 확인할 방법이 없습니다. 따라서 세션 ID를 갖고 있는 사람이 유저인척할 수 있기 때문에 보안적으로 완벽하지 않다고 이해할 수 있겠습니다.

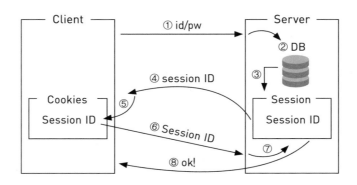

토큰 & JWT

토큰 방식 또한 세션 & 쿠키 방식과 비슷합니다. 기본적인 토큰 방식은 회원가입 시 유저에 매칭되는 토큰을 생성하여 저장합니다. 로그인 요청이 들어오면 해당 토큰을 응답으로 보내주고, 클라이언트는 이 토큰을 잘 가지고 있다가 요청을 보낼 때 헤더에 토큰을 넣어 보냅니다. 서버는 요청으로 들어온 토큰이 있는지 확인하여 인증하게 됩니다. 토큰이 세션 & 쿠키와 다른 점은 토큰 자체에 사용자에 대한 정보가 있어서 서버는 이 토큰만을 가지고 어떤 유저인지 구분해낼 수 있습니다. 엇! 그렇다면 오히려 세션 & 쿠키보다 안전하지 않은 것 아닐까요? 누군가가 토큰을 탈취하면 유저에 대한 정보를 얻어낼 수 있는 것 아닐까요?

토큰은 기본적으로 암호화 방식을 채택하여 사용합니다. 그리고 이 암호화에 필요한 키는 바로 우리가 settings.py에 저게 언제 쓰일까 보면서 넘어갔던 SECRET_KEY입니다. 따라서 이 키가 노출되지 않는다면 토큰 자체로는 어떤 정보도 얻어낼 수 없는 것입니다. 따라서 사용자 모델과 토큰이 어떤 관계를 갖고 있지 않아도 서버가 알아서 이 토큰이 어떤 유저인지 알아낼 수 있다는 점에서 세션 & 쿠키보다 서버 입장에서 더 편리하고 효율적인 방식인 것입니다.

대신 여기까지만 있으면 앞선 세션 & 쿠키와 동일한 문제점들을 갖습니다. 이 두 방식에 대한 해결책 역시 동일한데, 바로 각 토큰/세션에 대해 유효기간을 설정해 주는 것입니다. 유효기간을 설정해 주면 악의적인 누군가가 토큰/세션을 탈취해도 몇 분 지나면 다시 쓸 수 없는 의미 없는 값이 되어버리기 때문에 훨씬 안전합니다.

책에서는 난이도를 고려하여 유효기간을 따로 설정하지 않는 기본 토큰 방식을 채택해 구현하겠습니다. 토큰 방식이 규격화된 JWT나 토큰에게 유효기간을 설정하는 등 부가적인 내용은 여러 패키지를 통해 도움받을 수 있습니다. 다른 방법들 외에도 OAuth, OAuth 2.0과 같은 발전된 형태의 인증 방식이 있으며, 역시 직접 구현하기엔 조금 어렵고 패키지의 도움을 받아 진행할 수 있습니다.

그럼 우리가 구현할 토큰 인증 방식의 프로세스를 정의하고 넘어가겠습니다.

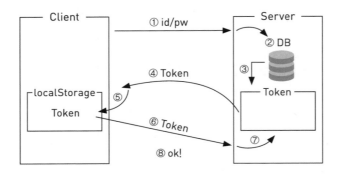

6.2.3 회원가입 구현하기

회원가입과 로그인 등의 기능을 직접 구현하기 위해 해당 기능들을 모아놓을 앱을 생성하겠습니다. 앱의 이름은 users로 하겠습니다.

```
(myvenv) ~/Projects/DRF-Projects/04_MyBoard $ python manage.py startapp users
```

앱을 생성하면 아래와 같은 폴더 구조가 됩니다.

앱을 만들었으니 습관적으로 myboard/settings.py에 들어가 앱을 등록합시다. 또한 기본 토큰 인증 방식을 사용하기로 하였으니 rest_framework.authtoken 앱도 추가해줍시다. 까먹기 쉬운 단계이니 주의하시길 바랍니다.

```
# myboard/settings.py
INSTALLED_APPS = [
    'django.contrib.admin',
    'django.contrib.auth',
    'django.contrib.contenttypes',
    'django.contrib.sessions',
    'django.contrib.messages',
    'django.contrib.staticfiles',
    'rest_framework',
    'rest_framework.authtoken',
    'users',
]
```

또한 프로젝트의 인증 방식으로 토큰 방식을 사용한다는 것을 정의해 주겠습니다. 이는 myboard/settings.py의 적당한 위치에 (LANGUAGE_CODE 위 정도가 적당하겠습니다.) REST_FRAMEWORK 라는 옵션을 만들어주고 작성하겠습니다.

```
# myboard/settings.py
...

REST_FRAMEWORK = {
    'DEFAULT_AUTHENTICATION_CLASSES': [
        'rest_framework.authentication.TokenAuthentication',
    ],
}

# Internationalization
# https://docs.djangoproject.com/en/1.11/topics/i18n/

LANGUAGE_CODE = 'en-us'
```

앞으로 이 속성에 프로젝트를 진행하며 필요한 몇 가지 내용들을 추가할 것입니다.

이제 그동안 개발해왔던 방식인 모델 ▶ 시리얼라이저 ▶ 뷰 ▶ URL 순서대로 따라가며 하나씩 개발 해보겠습니다.

모델

우리는 Django의 기본 User 모델을 사용하기 때문에 따로 모델을 만들 필요가 없습니다. 따라서 us-ers/models.py에는 작성할 내용이 없습니다. 대신 Django의 기본 User 모델 필드 중 아래 필드들을 다음과 같이 사용한다는 것을 미리 정의하고 넘어가겠습니다.

활용할 필드 목록

username: ID로 활용, required=True

email: required=True

password: required=True

사용자는 회원가입을 할 때 위의 내용들을 필수적으로 입력해야 합니다. 이에 추가적으로 password2를 입력받게 하여 password와 일치하는지, 즉 비밀번호를 다시 확인하는 과정을 거치게끔 하겠습니다.

시리얼라이저

시리얼라이저는 기본적으로 프로젝트에 포함되지 않기 때문에 users 폴더 내에 serializers.py 파일을 생성하겠습니다.

시리얼라이저 개발에 앞서 회원가입의 프로세스를 정의해 보겠습니다.

회원가입 프로세스

1. 사용자가 정해진 폼에 따라 데이터를 입력한다. (username, email, password, password2)

2. 해당 데이터가 들어오면 ID가 중복되지는 않는지, 비밀번호가 너무 짧거나 쉽지는 않은지 검사한다.

3. 2단계를 통과했다면 회원을 생성한다.

4. 회원 생성이 완료되면 해당 회원에 대한 토큰을 생성한다.

시리얼라이저는 앞서 배웠던 것처럼 요청으로 들어온 데이터를 Django 데이터로 변환하여 저장하는 기능을 수행합니다. 하지만 앞서 코드를 유심히 살펴보았다면 시리얼라이저의 또 다른 기능인 Validation, 즉 검증 기능이 있다는 것을 알 수 있을 것입니다. 우리는 사용자의 회원가입 요청이 우리의 기준에 맞는지 검증하는 과정을 시리얼라이저에게 맡겨보도록 하겠습니다. 그리고 이번에는 시리얼라이저의 create() 메소드를 활용하여 실제로 회원을 생성하는 3, 4단계의 내용까지 시리얼라이저에서 한 번에 작성해보겠습니다. 이 부분은 뷰에서 다뤄도 되지만, 이번 과정에서는 시리얼라이저에게 맡겨보도록 하죠.

```python
# users/serializers.py
from django.contrib.auth.models import User                    # User 모델
from django.contrib.auth.password_validation import validate_password
    # Django의 기본 패스워드 검증 도구

from rest_framework import serializers
from rest_framework.authtoken.models import Token              # Token 모델
from rest_framework.validators import UniqueValidator          # 이메일 중복 방지를 위한 검증 도구


class RegisterSerializer(serializers.ModelSerializer):         # 회원가입 시리얼라이저
    email = serializers.EmailField(
        required=True,
        validators=[UniqueValidator(queryset=User.objects.all())],        # 이메일에 대한 중복 검증
    )
    password = serializers.CharField(
        write_only=True,
        required=True,
        validators=[validate_password],                        # 비밀번호에 대한 검증
    )
    password2 = serializers.CharField(write_only=True, required=True) # 비밀번호 확인을 위한 필드

    class Meta:
        model = User
        fields = ('username', 'password', 'password2', 'email')

    def validate(self, data):                                  # 추가적으로 비밀번호 일치 여부를 확인
        if data['password'] != data['password2']:
            raise serializers.ValidationError(
                {"password": "Password fields didn't match."})

        return data

    def create(self, validated_data):
    # CREATE 요청에 대해 create 메소드를 오버라이딩, 유저를 생성하고 토큰을 생성하게 함.
        user = User.objects.create_user(
            username=validated_data['username'],
            email=validated_data['email'],
        )

        user.set_password(validated_data['password'])
        user.save()
        token = Token.objects.create(user=user)
        return user
```

지금까지 작성해왔던 시리얼라이저보다 훨씬 복잡한 형태입니다. 앞서 설명했듯 회원가입 과정에 대한 기능을 시리얼라이저에 대부분 구현하도록 하였습니다.

> **NOTE**
>
> 같은 작업을 시리얼라이저, 뷰, 심지어 모델에서조차 구현할 수 있습니다. 어디서 구현하여도 동작만 동일하게 한다면 큰 문제는 없지만, 되도록 각 부분의 역할에 맞게 관심사를 분리해놓으면 좋습니다. 그래야 어느 누군가가 프로젝트 코드를 보더라도 이해가 쉬울테니까요. 이 모든 것은 협업과 유지보수 용이함을 위한 노력입니다.

뷰

뷰는 그 덕분에 훨씬 간단해졌습니다. 회원가입의 경우 POST, 즉 회원 생성 기능만 있기 때문에 굳이 ViewSet을 사용해 다른 API 요청을 처리해줄 필요가 없습니다. 이 때문에 회원가입 기능은 generics 의 CreateAPIView를 사용해 작성했습니다.

```python
# users/views.py
from django.contrib.auth.models import User
from rest_framework import generics

from .serializers import RegisterSerializer


class RegisterView(generics.CreateAPIView): # CreateAPIView(generics) 사용 구현
    queryset = User.objects.all()
    serializer_class = RegisterSerializer
```

URL

다음으로는 기능의 마무리 단계인 URL 설정입니다. 앱 URL에 register/를 등록하고 프로젝트 URL 에 앱 URL을 등록하여 마무리 할 수 있습니다. 클래스 형 뷰로 만들었기 때문에 앞서 경험했던 것처럼 URL에 등록할 때 .as_view()를 사용하였습니다.

```python
# users/urls.py
from django.urls import path
from .views import RegisterView
```

```
urlpatterns = [
    path('register/', RegisterView.as_view()),
]
# myboard/urls.py
from django.urls import path, include
from django.contrib import admin

urlpatterns = [
    path('admin/', admin.site.urls),
    path('users/', include('users.urls')),
]
```

마이그레이션 & 프로젝트 실행하기

이제 실행을 해야 합니다. 별도의 모델을 만들지 않아 Django 프로젝트의 기본 마이그레이션만 진행하면 되며 db.sqlite3 파일이 생성됩니다. 그리고 실행하여 우리의 결과물을 확인해 보겠습니다.

```
(myvenv) ~/Projects/DRF-Projects/04_MyBoard $ python manage.py makemigrations
(myvenv) ~/Projects/DRF-Projects/04_MyBoard $ python manage.py migrate
(myvenv) ~/Projects/DRF-Projects/04_MyBoard $ python manage.py runserver
```

실행 후 브라우저로 127.0.0.1:8000/users/register/에 접속하면 아래와 같은 화면이 나옵니다.

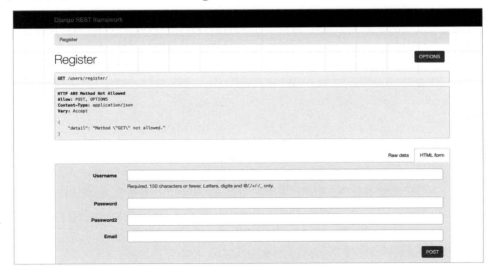

화면을 보면 우리가 의도한 대로 회원가입을 위한 폼이 자동으로 구성되어 있고, POST 요청으로 접근할 수 있는 것을 알 수 있습니다.

그럼 API를 확인하기 위해 Insomnia에서 아래와 같이 요청을 보내보겠습니다.

입력한 패스워드를 보면 너무 쉬운 비밀번호입니다. password라는 비밀번호라니, 누구라도 맞추기 쉬운 비밀번호이죠. 이런 기본적인 비밀번호들은 우리 Django의 ValidatePassword가 알아서 잘 걸러줍니다. 그럼 조금 더 어려운 비밀번호인 dkssud!!(안녕!!)로 설정해 보겠습니다.

앗! 아직 두 번째 비밀번호가 password네요. 미처 두 번째 비밀번호를 변경하지 않았습니다. 이런 경우 위의 사진처럼 비밀번호가 일치하지 않는다는 결과가 나옵니다. 이는 우리가 직접 작성한 시리얼라이저 내의 validate() 함수가 잘 동작한 것으로 볼 수 있습니다. 두 번째 비밀번호까지 잘 설정해 주면 아래와 같이 성공합니다.

201 Created가 나오면서 유저가 잘 생성된 것을 확인할 수 있습니다. 유저를 한 명 더 만들어보겠습니다. 이때 앞서 가입한 testuser1과 동일한 이메일 주소를 사용하여 가입하면 아래와 같은 에러가 발생합니다.

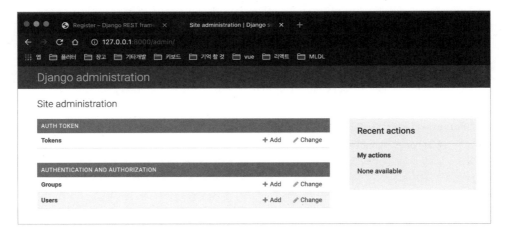

email 필드가 Unique해야 한다는 에러가 발생하며, 이 역시 앞서 사용한 UniqueValidator가 잘 동작한 것을 확인할 수 있습니다. 다른 이메일 주소를 사용하면 아래와 같이 가입에 성공합니다.

가입된 회원에 대해 토큰이 잘 생성되었는지 확인하기 위해 관리자 계정을 생성하고 관리자 페이지로 접속해 보겠습니다.

```
(myvenv) ~/Projects/DRF-Projects/04_MyBoard $ python manage.py createsuperuser
```

위와 같이 관리자 계정을 잘 생성하고, 관리자 페이지로 접속해 보겠습니다.

관리자 페이지 최상단에 Tokens 모델이 있습니다. 이를 눌러보면 다음과 같이 토큰 목록이 나옵니다.

토큰 목록을 살펴보면 KEY 옆에 각 유저가 있는 것을 확인할 수 있습니다. 이를 통해 우리는 가입을 할 때 토큰이 잘 생성되는 것까지 확인할 수 있습니다.

6.2.4 로그인 구현하기

시리얼라이저

로그인의 경우 아예 모델과 관련이 없다고 봐도 무방합니다. 앞서 정의한 로그인의 프로세스에 의하면, 사용자가 ID/PW를 적어서 보내줬을 때 이를 확인하여 그에 해당하는 토큰을 응답하기만 하면 되기 때문에 이 작업들을 위해 ModelSerializer를 사용할 필요가 없습니다. 이 내용을 구현해 보면 아래와 같습니다.

```
# users/serializers.py
from django.contrib.auth import authenticate
# Django의 기본 authenticate 함수, 우리가 설정한 DefaultAuthBackend인 TokenAuth 방식으로
# 유저를 인증해줌.

class LoginSerializer(serializers.Serializer):
    username = serializers.CharField(required=True)
    password = serializers.CharField(required=True, write_only=True)
# write_only 옵션을 통해 클라이언트->서버 방향의 역직렬화는 가능, 서버->클라이언트 방향의 직렬화는 불가능

    def validate(self, data):
        user = authenticate(**data)
        if user:
            token = Token.objects.get(user=user)    # 토큰에서 유저 찾아 응답
            return token
        raise serializers.ValidationError(
            {"error": "Unable to log in with provided credentials."})
```

뷰

다음은 뷰를 작성하는 단계입니다. 로그인의 경우 앞서 살펴본대로 모델에 영향을 주지 않기 때문에 어떤 특별한 제너릭을 사용하지 않고 기본 GenericAPIView를 사용하여 간단히 구현하겠습니다. 로그인 요청은 당연히 1차적인 보안을 위해 POST 요청으로 처리할 것이며, 시리얼라이저를 통과하여 얻어온 토큰을 그대로 응답해 주는 방식으로 구현할 수 있습니다. 시리얼라이저에서 검증 과정을 모두 처리해 주기 때문에 뷰에서 작성할 내용이 많이 없습니다.

```python
# users/views.py
from django.contrib.auth.models import User
from rest_framework import generics, status
from rest_framework.response import Response

from .serializers import RegisterSerializer, LoginSerializer


class LoginView(generics.GenericAPIView):
    serializer_class = LoginSerializer

    def post(self, request):
        serializer = self.get_serializer(data=request.data)
        serializer.is_valid(raise_exception=True)
        token = serializer.validated_data   # validate()의 리턴값인 Token을 받아옴.
        return Response({"token": token.key}, status=status.HTTP_200_OK)
```

URL

마지막으로 URL입니다. 회원가입과 동일하게 연결해 주면 되겠습니다.

```python
# users/urls.py
from django.urls import path
from .views import RegisterView, LoginView

urlpatterns = [
    path('register/', RegisterView.as_view()),
    path('login/', LoginView.as_view()),
]
```

실행

여태까지 작업한 내용을 실행하여 확인하겠습니다.

```
(myvenv) ~/Projects/DRF-Projects/04_MyBoard $ python manage.py runserver
```

실행한 후 Insomnia에서 127.0.0.1:8000/users/login/에 POST 요청을 보내 로그인을 해보겠습니다. 앞서 가입했던 testuser1 계정 정보를 입력하겠습니다.

로그인에 잘 성공하면서 그에 대한 응답으로 토큰이 주어지는 것을 확인할 수 있습니다. 만약 잘못된 비밀번호를 입력하면 어떻게 될까요?

위처럼 로그인을 할 수 없다는 에러 메시지가 발생합니다. 이로써 로그인 기능 또한 잘 구현된 것을 볼 수 있습니다.

6.2.5 User 모델 확장 방법

방금까지는 Django의 기본 유저 모델을 기반으로 회원 관련 처리를 구현했습니다. Django의 기본 유저 모델은 분명 편리하고 이것저것 다양한 속성을 잘 정의하고 있습니다. 하지만 모든 프로젝트에서 만족스러울 수는 없습니다. 이를테면 회원의 프로필 사진이 필요하거나, username 대신 이메일을 회원의 아이디로 쓰고 싶거나 하는 상황은 빈번하게 존재합니다.

당장 우리 프로젝트에서 정의할 회원 모델은 다음과 같습니다.

username부터 password까지는 Django의 기본 유저 모델 내에 있는 필드입니다. 이외 필드들은 우리가 임의로 추가하고 싶은 필드들입니다. 이렇게 Django의 기본 유저 모델만으로 만족할 수 없을 때 유저 모델을 확장할 수 있는 방법은 총 4가지가 있습니다.

Proxy Model

Proxy Model은 기본 User 모델을 그대로 상속받아 기능을 추가하거나 동작을 변경하기 위해 사용되는 방법입니다. Proxy Model은 가장 간단하게 적용할 수 있는 방법이지만, 기존 User 모델의 스키마를 변경하지 않기 때문에 정작 우리에게 필요한 필드 추가는 할 수 없습니다.

1:1(One-To-One) Model – 채택

1:1 Model은 기본 User 모델에 일대일로 연결되는 새로운 모델을 하나 만드는 방식입니다. 데이터베이스를 공부해 보았다면 다대일, 일대일 관계 등에 대해 알고 있을 것입니다. 이 방법은 그러한 개념을 활용하는 방법으로 User 모델을 직접 건드리지 않으면서도 필드를 추가할 수 있는 좋은 방법 중 하나입니다. 기존 모델을 건드리지 않는다는 것은 프로젝트 중간에 추가사항이 생겨도 바로 추가할 수 있다는 의미입니다.

우리 프로젝트에서 이 방법을 채택한다면 우리는 Profile 모델을 하나 만들어야 합니다. 그리고 Profile 모델의 속성에 추가하고 싶은 속성들(nickname, image, …)을 추가할 것입니다. 마지막으로 Profile 모델에 User를 OneToOneField로 연결해 주며 마무리하게 될 것입니다.

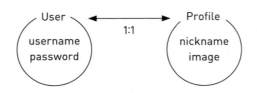

상당히 좋은 방법으로 보이지만, 두 개의 모델을 연결하여 사용하는 것은 하나의 모델을 사용하는 것보다 느릴 수밖에 없습니다. 유저가 추가된다면 동시에 프로필 모델에도 개체가 추가되어야 하고, 유저가 삭제된다면 프로필도 함께 삭제되어야 합니다. 이를 구현하는 것은 어렵지 않지만 그렇게 효율적인 방법은 아닐 것입니다. 하지만 앞서 말했듯 이 방법은 언제든 적용할 수 있고 유저 모델을 건드리지 않아도 된다는 점이 편리합니다.

AbstractBaseUser

가장 정석적인 방법 중 하나인 AbstractBaseUser입니다. 이는 유저 모델을 추상화시킨 Abstract-BaseUser 모델을 상속받아와 아예 새로운 유저 모델을 만드는 방식입니다. 추상화는 간단히 말하면 유저 모델의 간소화 버전이라고 할 수 있습니다. 밑에서 설명할 AbstractUser와 다른 점은 Abstract-BaseUser는 말 그대로 정말 기본 요소만 있는 버전이기 때문에 우리가 직접 많은 것을 일일이 구현해 주어야 합니다. 가장 자유도가 높고 그만큼 난이도도 가장 높은 방식입니다.

유저 모델을 아예 새로 만드는 방식인 만큼 프로젝트 진행 중에는 쉽게 선택하기 어려운 방식입니다. 프로젝트 시작 전에 충분한 고민과 계획을 갖고 채택할 만한 방식이며, 추가적으로 구현하거나 수정할 기능이 많을 때 선택해야 합니다.

AbstractUser

AbstractUser는 AbstractBaseUser보다는 어느 정도 현실과 타협한 방식입니다. AbstractBaseUser보다는 많은 것을 이미 갖고 있는 AbstractUser를 상속받아 새로운 유저 모델을 만드는 방식으로, 사실상 기본 유저 모델을 그대로 가져와 필요한 내용만 수정하거나 추가할 수 있는 방식입니다. 가장 많이 쓰이고 또 편리한 방법이라고 할 수 있겠습니다.

마찬가지로 이 방식은 새로운 유저 모델을 만드는 것이기 때문에 프로젝트 초기에 적용하는 것이 좋습니다.

우리는 이 중에서 가장 쉽고 직관적인 1:1$^{One-To-One}$ Model 방법으로 만들어볼 것입니다. AbstractUser 방법이 아닌 1:1 Model이라고 해서 제대로 된 방법이 아닌 것은 아닙니다. 공식 문서에도 나와있는 적절한 방법이며, 효율 면에서 안 좋을 뿐, 처음 개발하는 입장에서는 제일 쉽고 직관적입니다.

6.2.6 Profile 모델로 User 확장하기(One-To-One)

모델

우선은 앞서 계획했던 대로 프로필 모델을 만들어보겠습니다. 모델을 만드는 것 자체는 이제 익숙하겠지만 몇 가지 특이한 점들이 있습니다.

```python
# users/models.py
from django.db import models
from django.contrib.auth.models import User
from django.db.models.signals import post_save
from django.dispatch import receiver


class Profile(models.Model):
    user = models.OneToOneField(User, on_delete=models.CASCADE, primary_key=True)
    # primary_key를 User의 pk로 설정하여 통합적으로 관리
    nickname = models.CharField(max_length=128)
    position = models.CharField(max_length=128)
    subjects = models.CharField(max_length=128)
    image = models.ImageField(upload_to='profile/', default='default.png')


@receiver(post_save, sender=User)
def create_user_profile(sender, instance, created, **kwargs):
    if created:
        Profile.objects.create(user=instance)
```

첫 번째로는 앞서 말했던 OneToOneField입니다. OneToOneField는 말 그대로 일대일 관계를 갖는 두 모델을 연결할 때 사용합니다. OneToOneField로 선언을 한 경우, 둘의 생성과 삭제 이벤트는 연결되어야 합니다. 유저를 삭제했는데 그 유저의 프로필이 남아있다면 문제가 있겠죠? 이때 on_delete 옵션을 사용합니다. on_delete를 models.CASCADE로 설정하면 모델에서 데이터가 삭제될 때 연결된 데이터도 함께 삭제됩니다. 우리의 경우 유저를 삭제하면 유저의 프로필도 함께 삭제되기를 원하므로 적절한 기능일 것입니다.

두 번째는 ImageField입니다. 이미지뿐만 아니라 파일을 다루는 경우에도 동일하게 적용되는데, 이러한 미디어 파일들을 주고받는 과정을 위해서는 몇 가지 처리가 필요합니다. 위의 경우에는 우선 업로드될 경로와 이미지를 선택하지 않았을 때 대신 올라갈 기본값이 설정되어 있습니다. 이외에 몇 가지 추가적으로 작업할 것이 있는데, 이는 다음 내용에서 자세히 함께 따라가보겠습니다. 저 상태로 마이그레이션

하면 분명 아래와 같은 에러가 발생하기 때문입니다.

마지막 세 번째는 @receiver로 시작하는 create_user_profile 함수입니다. 이 함수는 User 모델이 post_save 이벤트를 발생시켰을 때 해당 이벤트가 일어났다는 사실을 받아서, 해당 유저 인스턴스와 연결되는 프로필 데이터를 생성합니다. @receiver 덕분에 프로필을 생성해 주는 코드를 직접 작성하지 않아도 알아서 유저 생성 이벤트를 감지해 프로필을 자동으로 생성할 수 있습니다.

이후 마이그레이션을 하면 앞서 설명한 대로 이미지 필드 관련 에러가 발생합니다.

```
(myvenv) ~/Projects/DRF-Projects/04_MyBoard $ python manage.py makemigrations
(myvenv) ~/Projects/DRF-Projects/04_MyBoard $ python manage.py migrate
```

```
TERMINAL    PROBLEMS    OUTPUT    DEBUG CONSOLE
ERRORS:
users.Profile.image: (fields.E210) Cannot use ImageField because Pillow is not installed.
        HINT: Get Pillow at https://pypi.org/project/Pillow/ or run command "python -m pip install Pillow".

System check identified 1 issue (0 silenced).
```

사진 처리를 위한 세팅

우선 에러 메시지에 나와있는 Pillow 패키지를 설치하겠습니다. 이는 앱의 형태는 아니기 때문에 IN-STALLED_APPS에 등록할 필요는 없습니다.

```
(myvenv) ~/Projects/DRF-Projects/04_MyBoard $ pip install Pillow
```

다음으로 미디어 파일들에 대한 경로를 지정해 주겠습니다. /media/ 디렉토리를 미디어 파일들의 루트로 설정하여 이후 미디어 파일들에 대한 경로를 지정할 때 상대 경로로 간편하게 작성하기 위한 설정입니다.

```
# myboard/settings.py
import os

…
STATIC_URL = '/static/'
MEDIA_URL = '/media/'
MEDIA_ROOT = os.path.join(BASE_DIR, 'media')
```

프로젝트의 가장 최상위(루트)에 media 폴더를 생성하겠습니다. 나중에 게시글 관련 사진 폴더와 구분하기 위해서, media 폴더 내에 profile 폴더를 만들고 기본 사진인 default.png 파일을 넣겠습니다. 앞서 말했듯 사진을 따로 업로드하지 않으면 선택되는 이미지입니다.

마지막으로 미디어 파일 경로를 프로젝트 URL에 매칭시키겠습니다.

```python
# myboard/urls.py
from django.urls import path, include
from django.contrib import admin

from django.conf import settings
from django.conf.urls.static import static

urlpatterns = [
    path('admin/', admin.site.urls),
    path('users/', include('users.urls')),
] + static(settings.MEDIA_URL, document_root=settings.MEDIA_ROOT)
```

시리얼라이저

이제서야 모델 관련 작업이 끝났으니, 시리얼라이저를 만들 단계입니다. users 앱 내에 serializers.py를 생성하고 다음과 같은 내용을 작성합니다.

```
# users/serializers.py
from .models import Profile


class ProfileSerializer(serializers.ModelSerializer):
    class Meta:
        model = Profile
        fields = ("nickname", "position", "subjects", "image")
```

시리얼라이저도 여러 번 만들어봤으니 특별할 건 없습니다. 모델시리얼라이저를 통해 아주 간단히 선언할 수 있습니다.

뷰 + 기본 퍼미션

```
# users/views.py
from .serializers import RegisterSerializer, LoginSerializer, ProfileSerializer
from .models import Profile


class ProfileView(generics.RetrieveUpdateAPIView):
    queryset = Profile.objects.all()
    serializer_class = ProfileSerializer
```

우리가 프로필 관련하여 만들 기능은 가져오는 기능과 수정하는 기능 두 가지입니다.
따라서 generics.RetrieveUpdateAPIView로 충분히 해당 기능을 구현할 수 있습니다.

하지만 구현 과정에서 한 가지 문제가 있습니다. 프로필을 조회하는 것은 누구나 할 수 있습니다. 게시글에 작성자의 프로필이 함께 노출될 테니 말입니다. 하지만 프로필을 수정하는 것은 해당 프로필의 주인, 즉 로그인한 현재 유저만 할 수 있어야 합니다. 이렇게 어떤 API에 특정한 권한이 필요한 상황에는 permission_classes 필드를 설정해 주는 것으로 구현할 수 있습니다. 지금처럼 API마다 필요한 권한이 다른 경우에는 권한이 미리 조합된 클래스를 활용하거나, 직접 권한 클래스를 만들어 설정하면 됩니다. 이 부분은 나중에 게시글 때 한 번 더 자세히 살펴볼 것이고, 지금 상황에서는 안전한 메소드(GET) 외의 요청에는 프로필을 수정하려는 해당 유저만을 허가해 주는 권한을 직접 만들어보겠습니다. 기왕이면 rest_framework의 기본 permissions를 활용하면 편하지만, 위 경우의 권한은 따로 선언되어 있지 않아 직접 만들겠습니다.

rest_framework.permissions에는 다양한 기본 권한 클래스들이 미리 선언되어 있습니다. 이후 활용을 위해 몇 가지 소개하겠습니다.

- **AllowAny** : 모든 요청을 통과시켜줍니다. 어떠한 인증도 필요 없습니다.
- **IsAuthenticated** : 인증된 경우에만 통과됩니다. 즉 우리가 선언한 인증 방법으로 인증을 통과한 요청만 가능한 권한입니다.
- **IsAdminUser** : 관리자인 경우에만 통과됩니다.

커스텀 권한

users 앱 내에 permissions.py 파일을 생성하고 아래 내용을 작성해 보겠습니다.

```python
# users/permissions.py
from rest_framework import permissions


class CustomReadOnly(permissions.BasePermission):
# GET: 누구나, PUT/PATCH: 해당 유저

    def has_object_permission(self, request, view, obj):
        if request.method in permissions.SAFE_METHODS:
            return True
        return obj.user == request.user
```

커스텀 권한 클래스는 permissions.BasePermission을 상속받아와 작성합니다. 우리는 프로필 전체를 건드리는 요청이 없고 각 객체에 대한 요청만 있으므로 has_object_permission 메소드를 가져와서 작성하면 됩니다. 여기서 permissions.SAFE_METHOD라는 것은 데이터에 영향을 미치지 않는 메소드, 즉 GET과 같은 메소드를 의미합니다. 이런 요청은 True로 반환하여 통과시키고, PUT/PATCH와 같은 경우에는 요청으로 들어온 유저와 객체의 유저를 비교해 같으면 통과시키게 됩니다. 즉 토큰이 유효한 토큰이더라도 해당 토큰의 유저가 해당 프로필의 유저와 같지 않으면 통과하지 않는 것입니다. 이를 통해 다른 유저가 프로필을 수정하는 경우를 사전에 막을 수 있습니다.

URL

URL도 크게 다르지 않습니다. users/urls.py를 통해 개별 프로필에 대한 URL을 설정하면 됩니다.

```python
# users/urls.py
from django.urls import path
from .views import RegisterView, LoginView, ProfileView

urlpatterns = [
    path('register/', RegisterView.as_view()),
    path('login/', LoginView.as_view()),
    path('profile/<int:pk>/', ProfileView.as_view()),
]
```

어드민 페이지 등록

User 모델만 관리자 페이지에 등록하게 되면 프로필 모델은 나타나지 않습니다. 프로필 모델을 따로 등록하게 된다면 관리자 페이지에서 볼 수 있지만, 유저 테이블과 프로필 테이블이 분리되다 보니 영 불편합니다. 마치 두 모델이 같은 모델인 것처럼 함께 볼 수 있는 방법은 없을까요? admin.py에 아래와 같은 내용을 작성하면 함께 볼 수 있습니다.

```python
# users/admin.py
from django.contrib import admin
from django.contrib.auth.admin import UserAdmin as BaseUserAdmin
from django.contrib.auth.models import User
from .models import Profile


class ProfileInline(admin.StackedInline):
    model = Profile
    can_delete = False
    verbose_name_plural = "profile"


class UserAdmin(BaseUserAdmin):
    inlines = (ProfileInline, )


admin.site.unregister(User)
admin.site.register(User, UserAdmin)
```

실행

이제 앞서 작업한 모든 내용을 확인해 보겠습니다. 모델에 대한 마이그레이션을 먼저 진행하고, 실행하겠습니다.

```
(myvenv) ~/Projects/DRF-Projects/04_MyBoard $ python manage.py makemigrations
(myvenv) ~/Projects/DRF-Projects/04_MyBoard $ python manage.py migrate
(myvenv) ~/Projects/DRF-Projects/04_MyBoard $ python manage.py runserver
```

실행하였으니 API 동작을 확인해 보겠습니다. 우선 Profile을 가져오기 위해 GET 요청을 127.0.0.1:8000/users/profile/5/로 보내겠습니다.

> **NOTE**
>
> 책을 쓰면서 사용자를 여러 명 만들었기 때문에 5번 유저의 프로필을 호출했습니다. 각자 적절한 유저를 호출하세요. 만약 요청 결과 프로필이 존재하지 않는다고 나온다면 앞서 유저를 만들 때에는 프로필 모델이 없었기 때문에 해당 유저에 대해서는 프로필이 없는 것입니다. 어쩔 수 없이 새로운 유저를 만들고 다시 요청을 보내보세요.

GET 요청은 앞서 설정한 대로 토큰 없이, 별도의 권한이 없어도 잘 작동하는 것을 볼 수 있습니다. 그럼 다음 단계는 프로필 수정입니다. 이를 위해 필요한 준비물인 토큰을 가져오겠습니다. 토큰은 로그인 기능을 통해 받아올 수 있습니다.

새로운 유저로 로그인하면 위처럼 토큰이 발급됩니다. 이를 활용해 Profile에 PUT 요청을 보내 수정하도록 하겠습니다. 우리는 사진을 포함한 요청을 처리하기 위해 보내는 요청의 양식을 multipart로 설정하겠습니다. 그리고 토큰 값을 헤더에 넣어줍니다. 반드시 "Authorization"을 좌측에, 우측에는 "Token 토큰값"을 넣어줍니다. 띄어쓰기 등을 빼먹지 않도록 주의하세요.

아래와 같이 보내면 됩니다.

이 상태로 요청을 보내면 아래와 같이 결과가 잘 나오는 것을 확인할 수 있습니다.

관리자 페이지로 들어가 잘 수정되었는지 확인해 보면 수정한 내용이 잘 반영된 것을 볼 수 있습니다.

뿐만 아니라 사진 링크를 클릭하면 업로드한 사진이 잘 보이는 것을 확인할 수 있습니다.

6.2.7 (TIP) 리액트와 연동하기

우리가 작성한 API가 실제로 어떻게 프론트엔드와 연동되는지 알아보도록 하겠습니다. 앞서 설명한 대로 프론트엔드는 리액트로 작성되어 있는데, 직접 연동하여 실행해 보고 싶다면 제공된 소스코드를 다운받아 함께 실습을 진행하면 되고, 결과만 보고 싶다면 지금 부분은 가볍게 읽고 넘어가셔도 됩니다. 다만, 우리가 만든 API가 프론트엔드에서 어떻게 보이게 되는지 그 과정을 꼭 확인하고 넘어갔으면 좋겠습니다. 이 과정을 잘 알고 있어야 프론트엔드 개발자와 잘 소통할 수 있는 백엔드 개발자가 될 것입니다.

리액트로 넘어가기 전에 한 가지 준비해야 할 사항이 있습니다. 백엔드와 프론트엔드를 연동하는 과정에서 가장 빈번하고 가장 처음에 발생하는 에러인, CORS 에러입니다.

CORS Cross-Origin Resource Sharing는 워낙 에러 발생으로 유명하지만 원래 의미가 에러는 아닙니다. 이는 오히려 개발자들이 개발한 결과물을 안전하게 지켜주는 하나의 방어막과 같은 존재입니다. 이는 정책의 형태로 존재하여 우리가 이 정책을 위반하려 할 때마다 에러를 발생시키게 되는 것입니다.

그럼 CORS는 어떤 개념일까요? CORS를 한국어로 번역해 보면 교차 출처 자원 공유라는 뜻이 됩니다. 조금 쉽게 풀어보자면, 다른 출처끼리 자원을 공유하는 것인데, 여기서 같은 출처라는 것은 이를테면 주소값이 http://127.0.0.1:8000, http://127.0.0.1:8000/users/ 이렇게 포트 번호까지 동일한 경우를 뜻합니다. 즉, 리액트 프로젝트와 Django 프로젝트를 연동하려는 경우 리액트는 http://127.0.0.1:3000, Django 프로젝트는 http://127.0.0.1:8000이므로 포트 번호가 달라 다른 출처가 됩니다. 리액트에서 다른 출처인 Django로부터 데이터(리소스)를 가져오려는데 이것이 SOP^{Same Origin Policy}에 의해 차단되는 것입니다.

이에 대한 예외 조항이 CORS입니다. 서버에서 CORS 정책을 준수하도록 설정해두면 SOP의 예외 조항인 CORS 정책을 준수하여 다른 출처끼리도 자원 공유가 가능하게 되는 것입니다. 프론트엔드에서 발생하는 에러지만 백엔드에서 정책을 지켜야 한다는 것이 조금 아이러니한 부분입니다.

이제 그럼 백엔드인 우리가 이 문제를 해결해 보겠습니다. 먼저 django-cors-headers라는 패키지를 설치합니다.

```
pip install django-cors-headers
```

다음으로는 앱에 corsheaders를 등록합니다. 뿐만 아니라 미들웨어에도 관련 내용을 추가해줘야 합니다. 마지막으로는 CORS_ORIGIN_ALLOW_ALL와 CORS_ALLOW_CREDENTIALS를 통해 프론트엔드에서 리소스에 잘 접근할 수 있도록 처리해줍니다.

```python
# myboard/settings.py
INSTALLED_APPS = [
    'django.contrib.admin',
    'django.contrib.auth',
    'django.contrib.contenttypes',
    'django.contrib.sessions',
    'django.contrib.messages',
    'django.contrib.staticfiles',
    'rest_framework',
    'rest_framework.authtoken',
    'users',
    'corsheaders',
]
```

```
MIDDLEWARE = [
    'corsheaders.middleware.CorsMiddleware', ## 순서 중요!!
    'django.middleware.security.SecurityMiddleware',
    'django.contrib.sessions.middleware.SessionMiddleware',
    'django.middleware.common.CommonMiddleware',
    'django.middleware.csrf.CsrfViewMiddleware',
    'django.contrib.auth.middleware.AuthenticationMiddleware',
    'django.contrib.messages.middleware.MessageMiddleware',
    'django.middleware.clickjacking.XFrameOptionsMiddleware',
]

CORS_ORIGIN_ALLOW_ALL = True
CORS_ALLOW_CREDENTIALS = True
```

이제 백엔드가 할 일은 없습니다. 프론트엔드에서 어떻게 우리의 백엔드 API를 가져다 쓰는지 확인해 보겠습니다. 이 책에서 리액트를 개념부터 설명하거나 실행까지 시킬 수 있을 만큼 세세하게 다루지 않을 것이기 때문에 핵심적인 부분의 코드만 살펴보고 적용된 결과 화면을 함께 살펴보며 마무리하겠습니다.

우선 리액트 프로젝트의 pages/Register.js 파일 내에 있는 회원가입 관련 내용을 살펴보겠습니다.

```
// pages/Register.js
class Register extends Component {
  constructor(props) {
    super(props);
    this.state = {
      username: "",
      email: "",
      password: "",
      password2: "",
    };
    this.handleSubmit = this.handleSubmit.bind(this);
    this.handleChange = this.handleChange.bind(this);
  }
  handleChange(event) {
    const target = event.target;
    this.setState({
      [target.name]: target.value,
```

```
    });
  }
  handleSubmit(event) {
    event.preventDefault();
    /*
    여기에 입력받은 값들 API 전송!!
    */
    axios
      .post("http://localhost:8000/users/register/", {
        username: this.state.username,
        email: this.state.email,
        password: this.state.password,
        password2: this.state.password2,
      })
      .then((response) => {
        console.log(response.data);
        this.props.history.push("/login");
      });
  }

  render() {
    ...
  }
}
```

참고로 console.log()는 print()와 동일한 함수입니다. 말 그대로 로그를 위해 출력하는 코드로 아무 의미 없으니 신경 쓰지 않으셔도 됩니다.

pages/Register.js 파일은 회원가입 기능 및 화면 구성을 하는 파일입니다. 화면을 브라우저에 그려주는 render()는 생략하겠습니다(원본 코드에서 모두 확인할 수 있습니다).

계속 말했듯 리액트의 코드를 전부 이해할 필요는 없습니다. 여러분이 프론트엔드 개발자가 되려는 것이 아니라면, 여기 있는 코드는 그저 로직만 잘 이해하고 넘어가면 되겠다라고 생각하면 될 것 같습니다.

먼저 this.state 내에 username, email, password, password2가 있는 것을 확인할 수 있고, 빈 문자열인 ""로 초기화되어 있는 것으로 알 수 있습니다. 회원가입 화면인 만큼 앞서 우리가 백엔드에서 정의한 회원 관련 필드 중 가입 시 필요한 필드들(RegisterSerializer 참고)만 여기에 잘 정의되어 있습니다.

handleChange() 함수는 페이지 내에서 값의 변화를 제어하는 함수이므로 우리가 신경쓸 필요는 없습니다.

handleSubmit() 함수가 백엔드와 연결되는 중요한 부분입니다. 이 부분을 자세히 보면 axios라는 것을 불러와서 사용하는 것을 알 수 있습니다. axios는 앞으로 자주 보게 될 도구인데, 쉽게 말해 자바스크립트에서 API로 요청을 보낼 때 사용하게 되는 도구입니다. 코드에 나와있는 axios.post() 뿐만 아니라 이후 axios.get(), axios.put() 등 우리가 알고 있는 API 액션들을 손쉽게 사용할 수 있는 도구이며 프론트엔드에서 우리 백엔드로 요청을 보내기 위한 도구라고 이해하면 됩니다.

axios.post() 내에 우리 API의 주소인 http://localhost:8000/users/register/가 있습니다. 그리고 {} 안에 앞서 정의되어 있던 필드 데이터를 담아 보내는 것을 확인할 수 있습니다. 주의할 점은 좌측의 username부터 password2는 백엔드에서 정의해놓은 필드의 이름이고, 우측의 this.state.username 등은 리액트에서 유저가 입력해놓은 데이터입니다. {} 괄호 안에 이런 방식으로 데이터를 넣음으로써 좌측의 필드명을 키로, 우측의 데이터를 값으로 하는 JSON 데이터가 생성된다고 이해할 수 있겠습니다. 이렇게 만들어진 JSON 데이터는 요청에 담겨 백엔드 서버로 날아가고, 우리의 백엔드 서버는 이 요청을 받아들이고 요청에 담겨온 JSON 데이터를 직렬화하여 회원을 생성하는 작업을 진행할 것입니다. 이 플로우가 잘 이해된다면, 여러분은 프론트엔드와 백엔드의 실제 통신 과정을 잘 알게 된 것입니다.

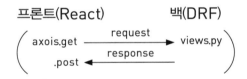

그럼 실행된 화면을 살펴보겠습니다. npm start 등의 명령어로 리액트 프로젝트를 실행시키면 다음과 같은 화면을 만날 것입니다.

메인 페이지입니다. 여기서 우측 상단의 로그인 버튼을 누르면 아래 로그인 페이지로 이동합니다.

로그인 페이지가 나오고 하단에 보면 회원가입을 할 수 있는 링크가 있습니다. 이를 눌러 회원가입 페이지로 이동하겠습니다.

회원가입 페이지는 우리가 백엔드에서 다뤄왔던 필드 그대로 잘 나타나 있습니다. 이 필드에 내용을 채워서 회원가입을 진행하겠습니다.

회원가입 버튼을 누르면 다시 로그인 페이지로 이동합니다. 이 상태에서 백엔드 프로젝트 터미널을 확인해 보면 POST 요청이 기록된 것을 확인할 수 있습니다.

관리자 페이지에도 들어가보겠습니다.

관리자 페이지에 들어가보니 클라이언트에서 생성한 reactuser1이 잘 생성된 것을 확인할 수 있습니다.

다시 로그인 페이지가 나왔으니 로그인 연동을 확인해 보겠습니다. 리액트 프로젝트에서는 shared/App.js 부터 보면 됩니다.

```
// shared/App.js
class App extends Component {
  constructor(props) {
    super(props);
    console.log("[App.js] Constructor");
    const token = localStorage.getItem("token");
    this.state = {
      // eslint-disable-next-line
      isLogin: token != "null",
    };
    console.log("[App.js] token: ", token);
    console.log("[App.js] isLogin: ", this.state.isLogin);
    this.doLogin = this.doLogin.bind(this);
    this.doLogout = this.doLogout.bind(this);
  }
}
```

App.js에 보면 localStorage.getItem("token") 코드가 있음을 알 수 있습니다. 여기서 나오는 localStorage는 웹 브라우저 자체 저장소입니다. 우리가 앞서 토큰 인증 개념을 배울 때 클라이언트, 즉 프론트엔드에서 토큰을 저장해놓는다고 하였습니다. 웹 브라우저에서 이 토큰을 저장하는 저장소로 활용할 수 있는 것이 localStorage입니다. 우리는 "token"이라는 이름으로 된 토큰을 가져와서 로그인 처리에 사용할 것입니다.

isLogin이라는 값은 token이 null이 아니면 true, null이면 false라고 되어 있습니다. 즉 localStorage로부터 토큰을 가져왔으면 로그인을 했다는 것이고, 가져오지 못했으면 토큰이 없으므로 로그인을 아직 안했다는 것입니다. isLogin 값은 그렇게 이해하면 되겠습니다.

이제 다음 단계는 실제 로그인 요청을 백엔드로 보내는 pages/Login.js 파일입니다.

```
// pages/Login.js
class Login extends Component {
  constructor(props) {
    console.log("[Login.js] Constructor");
```

```javascript
    super(props);
    this.state = {
      username: "",
      password: "",
    };
    this.handleSubmit = this.handleSubmit.bind(this);
    this.handleChange = this.handleChange.bind(this);
  }
  handleChange(event) {
    const target = event.target;
    this.setState({
      [target.name]: target.value,
    });
  }
  handleSubmit(event) {
    event.preventDefault();
    console.log("[Login.js] handleSubmit");
    /*
    여기에 입력받은 값들 API 전송!!
    */
    axios
      .post("http://localhost:8000/users/login/", {
        username: this.state.username,
        password: this.state.password,
      })
      .then((response) => {
        if (response.status < 300) {
          console.log("[Login.js] Call props.doLogin");
          this.props.doLogin();
          localStorage.setItem("token", response.data["token"]);
          localStorage.setItem("username", this.state.username);
          console.log(response.data);
          this.props.history.push("/");
        }
      });
  }
  render() {
    ...
  }
}
```

앞서 회원가입 때와 상당히 비슷한 구조입니다. username과 password 필드를 미리 설정해놓고, 이 필드에 값을 받아 axios.post()로 요청을 보낼 때 그 값을 넣어 보냅니다. API 주소가 /login 으로 달라진 것은 당연한 일입니다. 여기서 .then()은 앞의 post()가 끝났을 때 수행해야 하는 일(즉 다음 일)을 설정합니다. 여기서는 post()가 끝났을 때 localStorage에 token이라는 이름으로 토큰 값을 저장하도록 하고 있고 username이라는 이름으로 역시 유저의 이름을 저장하도록 되어 있습니다.

그럼 로그인도 잘 되는지 확인해 보겠습니다.

앞서 가입한 회원의 아이디와 비밀번호를 입력하고 누르면, 로그인이 완료되면서 메인 페이지로 이동합니다.

원래 로그인이라고 되어 있던 버튼이 로그아웃 버튼이 되어 있는 것을 확인할 수 있습니다.

NOTE

더 이상의 연동은 이 책에서 다루지 않습니다. 리액트를 자세히 설명할 실력도 부족하고, 책의 범위를 벗어나는 영역이기 때문입니다. 최소한 내가 만든 API가 어떻게 쓰이는지를 알려드리기 위해 내용을 정리한 것입니다. 하지만 앞에서도 말했듯 리액트로 작성된 게시판 프로젝트도 깃허브 링크로 함께 공개될 예정입니다. 많이 부족한 코드이지만 결과물 확인에 조금이나마 도움이 되길 바랍니다.

6.3 앱: 게시글

게시글 앱을 만들고 게시글 관련 기능을 개발하겠습니다.

6.3.1 게시글 기능 정리

게시판의 메인인 게시글입니다. 프로젝트를 시작하며 정리해두었던 게시글 관련 기능들을 다시 확인해 보겠습니다.

> **게시글 관련 기능**
> - 게시글 생성
> - 게시글 1개 가져오기 / 게시글 목록 가져오기(가져오는 개수 제한하기)
> - 게시글 수정하기
> - 게시글 삭제하기
> - 게시글 좋아요 기능
> - 게시글 필터링(좋아요 누른 글 / 내가 작성한 글)
> - 게시글 각 기능마다 권한 설정

사실 앞서 진행한 회원 관련 기능이 프로젝트에서 제일 어렵고 낯선 부분입니다. 회원가입과 로그인, 인증을 무사히 넘긴 여러분들이라면 게시글 기능 정도는 쉽게 구현할 수 있을 것입니다. 기능 구현 자체가 상당히 간단한 만큼, 몇 가지 부가 기능을 함께 설명하도록 하겠습니다.

6.3.2 게시글 모델 만들기 & 마이그레이션

일단 앱부터 만들겠습니다. posts라는 이름의 앱을 만들겠습니다.

```
(myvenv) ~/Projects/DRF-Projects/04_MyBoard $ python manage.py startapp posts
```

settings.py에 마찬가지로 등록을 진행합니다.

```
# myboard/settings.py
INSTALLED_APPS = [
    'django.contrib.admin',
    'django.contrib.auth',
    'django.contrib.contenttypes',
```

```
        'django.contrib.sessions',
        'django.contrib.messages',
        'django.contrib.staticfiles',
        'rest_framework',
        'rest_framework.authtoken',
        'users',
        'corsheaders',
        'posts',
    ]
```

그리고 모델을 작성합니다! 모델을 작성하기에 앞서 게시글, Post 모델이 어떤 필드로 구성될지를 미리 생각해야 합니다. 저는 아래와 같은 구성을 제안하는데, 혹 필요한게 더 있다면 편하게 추가하면 됩니다.

저자, 저자 프로필, 제목, 카테고리, 본문, 이미지, 좋아요 누른 사람들, 글이 올라간 시간

```
# posts/models.py => ERROR!!!!
from django.db import models
from django.contrib.auth.models import User
from django.utils import timezone
from users.models import Profile


class Post(models.Model):
    author = models.ForeignKey(User, on_delete=models.CASCADE,)
    profile = models.ForeignKey(Profile, on_delete=models.CASCADE, blank=True)
    title = models.CharField(max_length=128)
    category = models.CharField(max_length=128)
    body = models.TextField()
    image = models.ImageField(upload_to='post/', default='default.png')
    likes = models.ManyToManyField(User)
    published_date = models.DateTimeField(default=timezone.now)
```

대부분 앞서 확인한 필드입니다. ManyToManyField만 처음 보는데, 이는 이전의 OneToOne처럼 관계를 나타내는 필드로 다대다 관계를 표시할 때 사용합니다.

좋아요의 경우 여러 유저가 한 게시글에 좋아요를 누를 수 있고, 한 유저는 여러 게시글에 좋아요를 누

를 수 있습니다. 이런 상황에는 다대다 관계가 성립합니다. 여러 유저가 여러 게시글과 관계를 갖고 있기 때문입니다. 따라서 위에서 작성한 대로 ManyToManyField로 정의해놓겠습니다. 실제 좋아요 기능을 구현하는 과정에서 이 ManyToManyField가 적용되는 모습을 살펴보겠습니다.

여기까지 모델을 작성하였으니 마이그레이션을 해보겠습니다.

```
(myvenv) ~/Projects/DRF-Projects/04_MyBoard $ python manage.py makemigrations
(myvenv) ~/Projects/DRF-Projects/04_MyBoard $ python manage.py migrate
```

마이그레이션을 하다가 아래와 같은 에러가 발생합니다.

related_name 관련 에러가 발생하였습니다. related_name은 서로를 참조하는 관계에서, 즉 앞에서 확인했던 ForeignKey나 OneToOneField, ManyToManyField와 같은 관계에서 발생합니다.

위 상황에서 author 필드를 보겠습니다. author 필드는 User 모델을 ForeignKey로 참조하고 있습니다. 따라서 우리는 Post 모델 내에서도 author 필드를 통해 연결된 User의 데이터를 불러올 수 있습니다. 이를테면 post.author.username과 같은 방식으로 말이죠.

하지만 역은 바로 성립되지 않습니다. 우리가 만약 user.post.title과 같은 방식으로 데이터에 접근하려고 하면 분명 에러가 발생할 것입니다. User 입장에서는 post라는 이름을 모르기 때문입니다. 대신 이런 방식으로 사용하면 역관계에서도 놀랍게도 데이터에 접근이 가능합니다.

```
user = User.objects.get(pk=1)
posts = user.post_set.all()
```

이렇게 하면 특정 유저(pk=1인)가 작성한 모든 글을 posts에 담아 볼 수 있습니다. 이때 post_set 대신 사용하는 것이 related_name입니다.

```
author = models.ForeignKey(User, on_delete=models.CASCADE, related_name='posts')
```

이렇게 이름을 지정해 주고,

```
user = User.objects.get(pk=1)
posts = user.posts.all()
```

이렇게 하면 앞서 작업했던 것과 동일하게 유저가 작성한 글들을 확인할 수 있습니다. 이름을 임의로 지정할 수 있으니 코드를 이해할 때 좀 더 편할 것 같습니다. 필수는 아닌 것 같은데, 왜 에러가 발생했을까요??

왜냐면 위의 모델에서는 author와 likes 둘 다 User를 참조하고 있기 때문입니다. 따라서 둘 다 related_name을 정해 주지 않고 역으로 유저에서 author, likes에 참조하려 한다면 user.post_set.all()이 될 것입니다. 이렇게 했을 때 둘이 구분되지 않아서 에러가 발생하게 되는 것입니다.

따라서 위와 같은 경우에는 꼭 related_name을 지정해 주어야 합니다. 그렇지 않은 경우에는 굳이 지정해 줄 필요는 없기 때문에, 각자 취향에 맞게 작업하면 되겠습니다.

```
# posts/models.py
from django.db import models
from django.contrib.auth.models import User
from django.utils import timezone
from users.models import Profile


class Post(models.Model):
    author = models.ForeignKey(User, on_delete=models.CASCADE, related_name='posts')
    profile = models.ForeignKey(Profile, on_delete=models.CASCADE,blank=True)
    title = models.CharField(max_length=128)
    category = models.CharField(max_length=128)
    body = models.TextField()
    image = models.ImageField(upload_to='post/', default='default.png')
    likes = models.ManyToManyField(User, related_name='like_posts', blank=True)
    published_date = models.DateTimeField(default=timezone.now)
```

다시 마이그레이션하고 잘 되는지 확인하겠습니다.

```
(myvenv) ~/Projects/DRF-Projects/04_MyBoard $ python manage.py makemigrations
(myvenv) ~/Projects/DRF-Projects/04_MyBoard $ python manage.py migrate
```

```
(myvenv)  x  ~/Projects/DRF-Projects/04_MyBoard   master ●  python manage.py makemigrations
Migrations for 'posts':
  posts/migrations/0001_initial.py
    - Create model Post
```

마이그레이션에 성공한 것을 확인할 수 있습니다.

6.3.3 시리얼라이저

모델의 다음 단계는 시리얼라이저입니다. 이번에는 시리얼라이저를 조금 특이하게 만들 것입니다. 같은 모델에 대해 두 개의 시리얼라이저를 만들 것인데, 일단 작성하고 왜 그렇게 작성하는지 이해해 보겠습니다.

```python
# posts/serializers.py
from rest_framework import serializers

from users.serializers import ProfileSerializer
from .models import Post


class PostSerializer(serializers.ModelSerializer):
    profile = ProfileSerializer(read_only=True) # nested serializer

    class Meta:
        model = Post
        fields = ("pk", "profile", "title", "body", "image", "published_date", "likes")


class PostCreateSerializer(serializers.ModelSerializer):
    class Meta:
        model = Post
        fields = ("title", "category", "body", "image")
```

시리얼라이저가 두 개 필요한 이유는 각자 용도가 다르기 때문입니다. 게시글을 작성할 때를 생각해 보면, 유저가 입력해 주는 정보는 제목, 카테고리, 본문, 이미지 정도뿐입니다. 나머지 데이터는 우리의 코드가 알아서 채워주거나(날짜, 저자 등) 처음에는 빈칸(좋아요 등)으로 두게 되는 경우도 있습니다.

이런 경우 해당 시리얼라이저의 목적은 유저가 입력한 데이터를 검증하고 이를 Django 데이터로 변환하여 저장하게끔 하는 것이기 때문에, 해당 게시글에 대한 모든 정보를 역으로 Json으로 변환하여 전달해야 하는 시리얼라이저와는 분명 다를 필요가 있습니다. 따라서 저는 위처럼 일반 PostSerializer와 PostCreateSerializer를 나눠 작성했습니다.

추가적으로 PostSerializer 내에 profile 필드를 따로 정의하는 코드가 있습니다. 이를 작성하지 않으면 기본적으로 profile 필드에는 profile의 pk 값만 나타나게 됩니다. 우리는 해당 글 작성자의 실제 프로필 정보를 알고 싶은 것이기 때문에, 위처럼 시리얼라이저 내에 또 다른 시리얼라이저를 넣어서 이중으로 연결되는 구조로 작성합니다. 이와 같은 형태를 nested serializer라고 합니다.

6.3.4 뷰(CRUD) + 권한

다음은 뷰입니다. 게시글은 모든 CRUD 기능이 다 있기 때문에 아주 편한 마음으로 ViewSet을 사용할 수 있습니다. 대신 앞서 선언한 대로 각기 다른 시리얼라이저를 적재적소에 활용할 수 있도록 하는 코드를 작성해 주면 되겠습니다. 또한 게시글을 생성할 때 유저가 입력해 주지 않는 저자 정보를 같이 넣을 수 있도록 합니다.

또한 게시글에서 필요한 권한을 생각해 봅시다. 게시글을 조회하는 것은 가입도 안한 사람들(AllowA-ny)까지 할 수 있지만, 게시글을 생성하는 것은 인증된 유저(Authenticated), 해당 게시글을 수정/삭제하는 것은 해당 글의 작성자(Author)만 가능한 일입니다. 각 상황에 따라 필요한 권한이 다르기 때문에 우리는 앞서 작성했던 것처럼 permissions.py 파일을 posts 앱 내에 작성하여 사용하겠습니다.

```python
# posts/permissions.py
from rest_framework import permissions


class CustomReadOnly(permissions.BasePermission):
    ## 글 조회: 누구나, 생성: 로그인한 유저, 편집: 글 작성자
    def has_permission(self, request, view):
        if request.method == 'GET':
            return True
        return request.user.is_authenticated

    def has_object_permission(self, request, view, obj):
        if request.method in permissions.SAFE_METHODS:
            return True
        return obj.author == request.user
```

앞서 작성했던 회원 쪽 CustomReadOnly와 다른 점은 이번엔 각 객체별 권한 뿐만 아니라 전체 객체에 대한 권한도 포함해야 하기 때문에(목록 조회/생성) has_permission()도 함께 정의했다는 것입니다.

```python
# posts/views.py
from rest_framework import viewsets

from users.models import Profile
from .models import Post
from .permissions import CustomReadOnly
from .serializers import PostSerializer, PostCreateSerializer


class PostViewSet(viewsets.ModelViewSet):
    queryset = Post.objects.all()
    permission_classes = [CustomReadOnly]

    def get_serializer_class(self):
        if self.action == 'list' or 'retrieve':
            return PostSerializer
        return PostCreateSerializer

    def perform_create(self, serializer):
        profile = Profile.objects.get(user=self.request.user)
        serializer.save(author=self.request.user, profile=profile)
```

6.3.5 URL

뷰셋을 사용하니 라우터도 함께 따라옵니다. 앞서 배웠던 대로 라우터를 활용해 posts/urls.py를 설정하겠습니다.

```python
# posts/urls.py
from django.urls import path
from rest_framework import routers

from .views import PostViewSet

router = routers.SimpleRouter()
router.register('posts', PostViewSet)

urlpatterns = router.urls
```

프로젝트의 urls.py에는 이미 라우터가 posts라는 이름을 설정해 주었기 때문에 별도의 경로 이름을 설정해 주지 않고 불러오겠습니다. 여기에다가도 posts를 작성해 주면 실제 주소는 localhost:8000/posts/posts/가 될 것입니다.

```python
# myboard/urls.py
from django.urls import path, include
from django.contrib import admin

from django.conf import settings
from django.conf.urls.static import static

urlpatterns = [
    path('admin/', admin.site.urls),
    path('users/', include('users.urls')),
    path('', include('posts.urls')),
] + static(settings.MEDIA_URL, document_root=settings.MEDIA_ROOT)
```

6.3.6 실행

```
(myvenv) ~/Projects/DRF-Projects/04_MyBoard $ python manage.py runserver
```

실행하고 브라우저에 접속해 보면

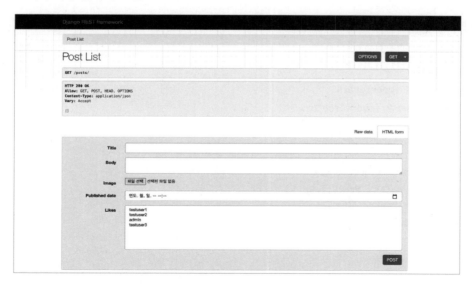

위처럼 게시글 필드들이 잘 구성되어 있는 것을 볼 수 있습니다.

다시 Insomnia에서 테스트 해보겠습니다.

multipart 타입으로 요청을 보낼 것입니다. 헤더에 토큰을 잘 넣고

POST 요청을 보내니 게시글이 잘 생성되었습니다.

토큰을 빼고 GET 요청을 보내면, 전체 목록이 잘 나타나는 것을 볼 수 있으며, 게시글 1개 또한 잘 보입니다.

아까 POST로 생성한 게시글의 이미지가 잘 저장되었는지 확인해 보면, post 디렉토리가 media 내에 생성되었으며, post 폴더 내에 우리가 첨부한 이미지가 저장된 모습을 볼 수 있습니다.

만약 토큰 없이 POST 요청을 보내면 어떻게 될까요?

토큰을 빼면 POST 요청에 대한 권한이 없는 것으로 에러가 발생합니다.

6.3.7 필터링

게시글 기능이 어느 정도 기본 형태는 갖춘 것 같습니다. 우리가 구현해야 할 부가 기능이 하나 있는데, 바로 필터링입니다. 필터링은 게시글들 전체를 가져오려 할 때 조건을 걸어 가져오게끔 하는 기능입니다. 혹시 웹을 이용하다 이런 URL을 본 적 있나요?

www.abc.com/posts?category=11&event=1

이렇게 ?로 시작해 &로 구분되는 쿼리를 URL에 넣으면 게시글들이 필터링되어 우리에게 결과로 전달됩니다. 이를 구현하려면 제법 복잡하겠지만 다행히 공식 패키지가 있습니다. 이를 설치하여 사용하겠습니다.

```
(myvenv) ~/Projects/DRF-Projects/04_MyBoard $ pip install django-filter
```

패키지를 설치하고 settings.py에 등록하겠습니다. 뿐만 아니라 REST_FRAMEWORK 옵션에도 DE-FAULT_FILTER_BACKENDS 내용을 추가하여 해당 프로젝트의 기본 필터링 도구를 설정해 줄 수도 있습니다. 이 옵션을 사용하면 이후에 django-filter 모듈을 뷰와 같은 코드에서 직접 불러오지 않아도 잘 적용됩니다. 다만 프로젝트 전역에 적용되므로 주의하여 사용해야 합니다.

```python
# myboard/settings.py
INSTALLED_APPS = [
    'django.contrib.admin',
    'django.contrib.auth',
    'django.contrib.contenttypes',
    'django.contrib.sessions',
    'django.contrib.messages',
    'django.contrib.staticfiles',
    'rest_framework',
    'rest_framework.authtoken',
    'users',
    'corsheaders',
    'posts',
    'django_filters',
]

REST_FRAMEWORK = {
    'DEFAULT_AUTHENTICATION_CLASSES': [
        'rest_framework.authentication.TokenAuthentication',
    ],
    'DEFAULT_FILTER_BACKENDS': [
        'django_filters.rest_framework.DjangoFilterBackend',
    ],
}
```

다음은 뷰를 수정하겠습니다. 앞서 설명한 대로 뷰마다 filter_backends를 설정해 주려면 다음과 같이 불러오면 되겠습니다.

```
# posts/views.py
from django_filters.rest_framework import DjangoFilterBackend
# view마다 필터 설정할 때 사용(settings.py에 이미 등록해서 상관 없음)

from rest_framework import viewsets

from users.models import Profile
from .models import Post
from .permissions import CustomReadOnly
from .serializers import PostSerializer, PostCreateSerializer


class PostViewSet(viewsets.ModelViewSet):
    queryset = Post.objects.all()
    permission_classes = [CustomReadOnly]
    filter_backends = [DjangoFilterBackend]
    filterset_fields = ['author', 'likes']

    def get_serializer_class(self):
        if self.action == 'list' or 'retrieve':
            return PostSerializer
        return PostCreateSerializer

    def perform_create(self, serializer):
        profile = Profile.objects.get(user=self.request.user)
        serializer.save(author=self.request.user, profile=profile)
```

filter_backends를 DjangoFilterBackend로 설정하고, filterset_fields를 ['author', 'likes']로 설정하는 것
만으로 필터링 설정이 끝났습니다! 참 간단하죠?

실행하고 브라우저로 접속하면 다음과 같은 화면이 나타납니다.

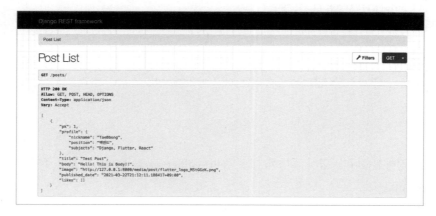

흰색의 Filters 버튼이 우측 상단에 생긴 것을 확인할 수 있습니다. 이제 필터링이 잘 되는지 확인하기 위해서 주소창에 127.0.0.1:8000/posts/?author=4 를 입력해 보겠습니다.

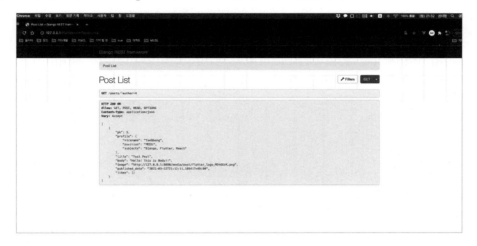

유저 중 pk가 4인 유저가 작성한 글들이 모두 잘 나오는 것을 볼 수 있습니다. 이를 통해 필터링이 잘 동작함을 확인할 수 있습니다.

6.3.8 페이징

다음 부가 기능은 Pagination입니다. 이는 게시글 전체 조회 페이지를 여러 페이지로 나누거나 한 번에 모든 글을 가져오기 부담스러울 경우 한 번의 API 요청으로 가져올 수 있는 데이터 수를 제한하는 기능입니다. 이는 따로 작업할 필요가 없고, 그저 settings.py의 REST_FRAMEWORK에 다음 내용을 추가하면 됩니다.

```python
# myboard/settings.py
REST_FRAMEWORK = {
    'DEFAULT_AUTHENTICATION_CLASSES': [
        'rest_framework.authentication.TokenAuthentication',
    ],
    'DEFAULT_FILTER_BACKENDS': [
        'django_filters.rest_framework.DjangoFilterBackend',
    ],
    'DEFAULT_PAGINATION_CLASS':
    'rest_framework.pagination.PageNumberPagination',
    'PAGE_SIZE':
    3,
}
```

PageNumberPagination 외에도 여러 종류의 Pagination 기능이 있습니다. 자세한 내용은 아래 링크에서 확인해 볼 수 있습니다.

https://www.django-rest-framework.org/api-guide/pagination/

실행한 다음 Insomnia를 통해 GET 요청을 보내보면 count와 함께 next, previous가 나타나는 것을 볼 수 있습니다.

한가지 주의할 점은 결과 데이터는 results 내에 들어간다는 점입니다. 페이징을 적용하기 전에는 바로 데이터에 접근할 수 있었고 지금은 results 안에 데이터가 들어가 있기 때문에 프론트엔드에서 데이터를 가져가는 과정이 조금 달라질 수 있습니다.

6.3.9 좋아요

마지막 기능은 대망의 좋아요 기능입니다. 좋아요 기능은 오직 likes 필드에만 영향을 주고 간단한 GET 요청 하나로 처리할 수 있습니다. 따라서 간만에 함수형 뷰로 간단하게 작성해 보도록 하겠습니다.

```python
# posts/views.py
from django_filters.rest_framework import DjangoFilterBackend

from rest_framework import viewsets
from rest_framework.decorators import api_view, permission_classes
from rest_framework.generics import get_object_or_404
from rest_framework.permissions import IsAuthenticated
from rest_framework.response import Response

from users.models import Profile
from .models import Post
from .permissions import CustomReadOnly
from .serializers import PostSerializer, PostCreateSerializer


class PostViewSet(viewsets.ModelViewSet):
```

```
        queryset = Post.objects.all()
        permission_classes = [CustomReadOnly]
        filter_backends = [DjangoFilterBackend]
        filterset_fields = ['author', 'likes']

        def get_serializer_class(self):
            if self.action == 'list' or 'retrieve':
                return PostSerializer
            return PostCreateSerializer

        def perform_create(self, serializer):
            profile = Profile.objects.get(user=self.request.user)
            serializer.save(author=self.request.user, profile=profile)


@api_view(['GET'])
@permission_classes([IsAuthenticated])
def like_post(request, pk):
    post = get_object_or_404(Post, pk=pk)
    if request.user in post.likes.all():
        post.likes.remove(request.user)
    else:
        post.likes.add(request.user)

    return Response({'status': 'ok'})
```

우선 데코레이터로 GET 요청을 받는 함수형 뷰라는 설정과 권한이 필요하다는 설정을 해줍니다. 좋아요를 누르는 권한은 회원가입한 유저라면 모두 가능하기 때문에 IsAuthenticated로 설정하였습니다. 그리고 post.likes.all() 내에 request.user가 있으면 request.user를 지우고, 없으면 추가하는 내용이 좋아요 기능의 전부입니다. 아까 만든 likes 필드는 ManyToMany로 되어 있었고, 분명 실행했을 때 []라는 리스트 형태로 반환된 것을 확인했었습니다. likes는 리스트 형태로 유저 데이터를 담고 있을 수 있으며, 우리는 담겨 있는 유저들의 목록을 확인해 좋아요를 누른 것인지 한 번 더 눌러 취소한 것인지 처리하는 뷰를 아주 간단히 구현할 수 있습니다.

마지막으로 URL을 설정해 주겠습니다. 뷰셋의 라우터가 있기 때문에 이에 path를 추가해 주는 방식으로 작성하겠습니다.

```python
# posts/urls.py
from django.urls import path
from rest_framework import routers

from .views import PostViewSet, like_post

router = routers.SimpleRouter()
router.register('posts', PostViewSet)

urlpatterns = router.urls + [
    path('like/<int:pk>/', like_post, name='like_post')
]
```

지금까지 작업한 내용을 확인해 보겠습니다. Insomnia를 켜서 127.0.0.1:8000/like/1/에 GET 요청을 보내겠습니다. 헤더에 꼭 토큰을 넣어야 합니다.

토큰을 넣고 요청을 보내면 에러 없이 응답이 오는 것을 확인할 수 있습니다. 좋아요 기능이 잘 작동했는지 확인하기 위해 1번 게시글을 조회해 보겠습니다.

127.0.0.1:8000/posts/1/에 GET 요청을 보내 게시글을 확인해 보면 비어있던 likes에 4번 유저가 추가된 것 확인할 수 있습니다. 그럼 똑같이 좋아요 요청을 한 번 더 보내보겠습니다.

다시 요청을 보내면 좋아요가 취소되면서 4번 유저가 삭제된 것을 확인할 수 있습니다.

6.4 앱: 댓글

댓글 앱을 만들고 댓글 관련 기능을 개발하겠습니다.

6.4.1 댓글 기능 정리

게시글에 댓글까지 작성할 수 있다면 비로소 완전한 게시판이 될 것 같습니다. 앞서 정의했던 댓글 관련 기능을 살펴보면 다음과 같습니다.

> **댓글 관련 기능**
> - 댓글 생성
> - 댓글 1개 가져오기 / 댓글 목록 가져오기
> - 댓글 수정하기
> - 댓글 삭제하기
> - 게시글을 가져올 때 댓글도 가져오게 만들기

앞서 구현했던 것들과 아주 비슷한 CRUD 형태를 가지고 있고, 게시글을 가져올 때 댓글도 함께 가져오게 하는 것도 이미 앞서 경험한 적이 있습니다. 언제 그런 걸 했었는지 모르겠다면, 이따 해당 기능을 구현하면서 빠르게 다시 확인해 보겠습니다.

6.4.2 댓글 모델 & 마이그레이션

우선 모델부터 만들겠습니다. 댓글과 같은 경우 게시글과 아주 밀접한 연관이 있다 보니 굳이 앱을 따로 만들지 않아도 될 것 같습니다. 따라서 이미 있는 posts/models.py 내에 추가해 주도록 하겠습니다.

댓글 모델에 필요한 필드들은 아래와 같습니다.

작성자, 작성자 프로필, 게시글, 내용

```
# posts/models.py
from django.db import models
from django.contrib.auth.models import User
from django.utils import timezone
```

```
from users.models import Profile


class Post(models.Model):
    author = models.ForeignKey(User, on_delete=models.CASCADE, related_name='author')
    profile = models.ForeignKey(Profile, on_delete=models.CASCADE, blank=True)
    title = models.CharField(max_length=128)
    category = models.CharField(max_length=128)
    body = models.TextField()
    image = models.ImageField(upload_to='post/', default='default.png')
    likes = models.ManyToManyField(User, related_name='like_posts', blank=True)
    published_date = models.DateTimeField(default=timezone.now)


class Comment(models.Model):
    author = models.ForeignKey(User, on_delete=models.CASCADE)
    profile = models.ForeignKey(Profile, on_delete=models.CASCADE)
    post = models.ForeignKey(Post, related_name='comments', on_delete=models.CASCADE)
    text = models.TextField()
```

앞서 만들었던 게시글 모델의 축소판 같은 느낌입니다. ForeignKey로 유저, 프로필, 포스트와 연결되어 있고 댓글 내용인 텍스트만 추가된 상태입니다.

마이그레이션을 하고 다음 단계로 넘어가겠습니다.

```
(myvenv) ~/Projects/DRF-Projects/04_MyBoard $ python manage.py makemigrations
(myvenv) ~/Projects/DRF-Projects/04_MyBoard $ python manage.py migrate
```

6.4.3 시리얼라이저

다음은 시리얼라이저입니다. 댓글 역시 작성할 때와 가져올 때 각각 다른 시리얼라이저가 필요합니다. 따라서 이를 따로 작성해야 하고 게시글 시리얼라이저 작성할 때와 상당히 비슷합니다.

또한 이제는 게시글에서도 댓글을 불러올 수 있어야 합니다. 앞서 배웠던 nested serializer 개념을 활용해 작성해놓은 댓글 시리얼라이저를 게시글 시리얼라이저에 넣어주면 됩니다. 여기서 한 가지 주의할 점은, 게시글 시리얼라이저에 댓글 시리얼라이저가 포함되다 보니 댓글 시리얼라이저가 더 위에 선언되어야 한다는 점입니다.

```python
# posts/serializers.py
from rest_framework import serializers

from users.serializers import ProfileSerializer
from .models import Post, Comment


class CommentSerializer(serializers.ModelSerializer):
    profile = ProfileSerializer(read_only=True)

    class Meta:
        model = Comment
        fields = ("pk", "profile", "post", "text")


class CommentCreateSerializer(serializers.ModelSerializer):
    class Meta:
        model = Comment
        fields = ("post", "text")


class PostSerializer(serializers.ModelSerializer):
    profile = ProfileSerializer(read_only=True)
    comments = CommentSerializer(many=True, read_only=True)
    # 댓글 시리얼라이저를 포함하여 댓글 추가, many=True를 통해 다수의 댓글 포함

    class Meta:
        model = Post
        fields = ("pk", "profile", "title", "body", "image", "published_date",
                  "likes", "comments")


class PostCreateSerializer(serializers.ModelSerializer):
    class Meta:
        model = Post
        fields = ("title", "category", "body", "image")
```

6.4.4 뷰

시리얼라이저 다음은 뷰입니다. 역시 뷰셋을 사용하여 간단히 개발하면 되고, 댓글에 필요한 권한도 게시글과 동일합니다. 모두가 댓글을 볼 수 있지만, 댓글 작성은 유저만, 댓글 수정/삭제는 해당 댓글 작성자만이므로 앞서 선언했던 CustomReadOnly를 활용하면 됩니다. 이외에 게시글 때와 특별히 다른 점은 없습니다.

```python
from django_filters.rest_framework import DjangoFilterBackend

from rest_framework import viewsets
from rest_framework.decorators import api_view, permission_classes
from rest_framework.generics import get_object_or_404
from rest_framework.permissions import IsAuthenticated
from rest_framework.response import Response

from users.models import Profile
from .models import Post, Comment
from .permissions import CustomReadOnly
from .serializers import PostSerializer, PostCreateSerializer, CommentSerializer, Comment-
CreateSerializer


class PostViewSet(viewsets.ModelViewSet):
    queryset = Post.objects.all()
    permission_classes = [CustomReadOnly]
    filter_backends = [DjangoFilterBackend]
    filterset_fields = ['author', 'likes']

    def get_serializer_class(self):
        if self.action == 'list' or 'retrieve':
            return PostSerializer
        return PostCreateSerializer

    def perform_create(self, serializer):
        profile = Profile.objects.get(user=self.request.user)
        serializer.save(author=self.request.user, profile=profile)


@api_view(['GET'])
@permission_classes([IsAuthenticated])
def like_post(request, pk):
    post = get_object_or_404(Post, pk=pk)
```

```python
        if request.user in post.likes.all():
            post.likes.remove(request.user)
        else:
            post.likes.add(request.user)

        return Response({'status': 'ok'})


class CommentViewSet(viewsets.ModelViewSet):
    queryset = Comment.objects.all()
    permission_classes = [CustomReadOnly]

    def get_serializer_class(self):
        if self.action == 'list' or 'retrieve':
            return CommentSerializer
        return CommentCreateSerializer

    def perform_create(self, serializer):
        profile = Profile.objects.get(user=self.request.user)
        serializer.save(author=self.request.user, profile=profile)
```

6.4.5 URL

마지막으로 URL을 설정하면 됩니다. 역시 라우터를 활용해 간단히 URL 설정을 마칠 수 있습니다.

```python
# posts/urls.py
from django.urls import path
from rest_framework import routers

from .views import PostViewSet, like_post, CommentViewSet

router = routers.SimpleRouter()
router.register('posts', PostViewSet)
router.register('comments', CommentViewSet)

urlpatterns = router.urls + [
    path('like/<int:pk>/', like_post, name='like_post')
]
```

6.4.6 실행

이제 실행하여 댓글 기능까지 확인하도록 하겠습니다.

```
(myvenv) ~/Projects/DRF-Projects/04_MyBoard $ python manage.py runserver
```

먼저 127.0.0.1:8000/posts/1/에 GET 요청을 보내 게시글을 하나 가져와보겠습니다.

게시글을 가져온 결과 이전과 달리 comments가 추가된 것을 확인할 수 있습니다.

댓글을 작성하기 위해 127.0.0.1:8000/comments/에 POST 요청을 보낼 것이며, 헤더에 토큰을 넣겠습니다.

토큰을 넣은 다음 댓글을 작성하여 요청을 보내면,

우측 결과 화면처럼 댓글이 잘 작성된 것을 볼 수 있습니다. 1개만 하면 아쉬우니 한 번 더 댓글을 작성해 봅니다.

두 번째 댓글도 잘 작성되었습니다. 이제 다시 게시글을 불러와보면,

comments 내에 방금 작성한 두 개의 댓글이 잘 보이는 것을 확인할 수 있습니다.

6.5 배포하기

마지막으로 프로젝트를 Heroku에 배포하며 마치도록 하겠습니다.

6.5.1 프로젝트의 마무리, 배포

드디어 우리 게시판 프로젝트의 마무리 단계가 찾아왔습니다. 바로 클라우드에 배포를 하고 누구나 우리 서버에 접속할 수 있도록 하는 것입니다.

지금까지 우리가 만들었던 DRF 서버는 로컬 내에서만 동작했습니다. 로컬 내에서는 접속할 수 있었지만 다른 사용자들은 우리 서비스를 이용할 수 없었습니다. 우리 서비스를 세상에 공개하여 누구나 접속할 수 있도록 하는 것, 그것이 바로 배포라는 단계입니다.

배포를 하는 방법에는 여러 가지가 있습니다. 가장 클래식한 방법으로는 서버용 컴퓨터(라고 해봤자 24시간 돌아갈 수 있는 고성능의 컴퓨터)를 구매하여 네트워크 관련 설정을 해서 접속이 가능하게끔 만들어놓고 거기에 우리 서비스를 구동시키는 방법이 있습니다. 큰 규모의 회사에서는 많이 사용하겠지만, 우리 게시판 프로젝트를 구동시키기 위한 방법은 아닙니다.

두 번째 방법은 클라우드를 이용하는 것입니다. 클라우드는 알아야 할 개념이 많지만 쉽게 말해 다른 사람의 서버 컴퓨터를 빌려 쓰는 것이라고 이해할 수 있습니다. 아마존 AWS와 같이 컴퓨터가 많은 회사들은 이를 세계의 사용자들에게 오픈하였고, 우리는 요금만 지불하면 정해진 성능의 서버를 우리 마음대로 사용할 수 있습니다. 게다가 일반 컴퓨터가 서버의 역할을 수행하기 위해 해야 하는 여러 가지 설정들을 AWS가 많이 도와주기 때문에 우리 개발자가 알아야 하는 것들이 많이 줄어든다고 볼 수 있겠습니다. 참 편한 서비스지만, 너무 편히 쓰다 보면 요금 폭탄을 맞을 수 있음을 명심해야 합니다.

AWS가 상당히 편리하다고는 하지만 그래도 실제 서비스를 위한 도구이기 때문에 제법 챙겨야 할 것도 많고 복잡한 부분도 꽤 있습니다. 우리처럼 백엔드를 시작하고, 공부를 주목적으로 하는 사람들에게는 아주 간편한 무료 서비스들도 많이 존재합니다. PythonAnywhere와 Heroku가 대표적인 것들입니다.

두 서비스 모두 무료인 만큼 어느 정도 제약이 있습니다. 개인적인 경험으로 봤을 때 배포의 난이도는 PythonAnywhere가 훨씬 쉽지만, 그만큼 성능이나 실행 경험이 좋지 않았습니다. Heroku의 경우 완전 무료가 아닌, 몇 개의 프로젝트만 제한적으로 무료로 사용할 수 있으며 배포 난이도도 PythonAny-where 보다 더 어렵지만 훨씬 좋은 성능과 실행 경험을 가지고 있어 개인적으로 좋아하는 배포 옵션입니다. 따라서 우리는 Heroku를 사용해 우리의 게시판 프로젝트를 세상에 공개해 보겠습니다.

6.5.2 배포를 위한 준비 – 1) 패키지 설치

Heroku에 배포하려면 아래 공식 링크의 설명대로 잘 따라하면 됩니다. 책에서는 이 공식 링크의 내용을 잘 정리하여 더 쉽게 따라하실 수 있도록 작성해 보도록 하겠습니다.

배포를 하기에 앞서 준비해야 하는 것들이 많이 있습니다. 먼저 Heroku에서 필요로 하는 패키지들을 설치하는 것입니다. 아래 패키지들을 설치합니다.

```
(myvenv) ~/Projects/DRF-Projects/04_MyBoard $ pip install gunicorn psycopg2-binary whit-
enoise dj-database-url django-environ
```

총 5개의 패키지를 추가로 설치하였습니다. 각각의 패키지가 어떤 역할을 하는지 간단히 살펴보겠습니다.

- **gunicorn** : 프로젝트가 서버 상에서 계속 구동되도록 도와주는 서버 엔진 관련 패키지입니다.
- **psycopg2–binary, dj-database-url** : Heroku가 사용하고 있는 데이터베이스인 postgresql을 사용하기 위한 패키지입니다.
- **whitenoise** : 정적 파일들의 사용을 도와주는 미들웨어 패키지입니다.
- **django–environ** : Django 프로젝트에서 환경변수를 설정하고 사용하기 위한 패키지입니다.

이제 더 이상의 패키지는 필요 없습니다. 우리는 Heroku에게 우리 프로젝트가 사용하고 있는 외부 패키지들을 알려줄 필요가 있습니다. 거기에 각각의 버전까지 적어주어야 우리 로컬 환경에서 실행했던 것과 동일한 환경을 서버에 구축할 수 있는 것입니다. 이를 위해 다음과 같은 명령어를 입력하겠습니다.

```
(myvenv) ~/Projects/DRF-Projects/04_MyBoard $ pip freeze > requirements.txt
```

이 명령어를 실행하면 다음과 같이 텍스트 파일이 생성됩니다.

텍스트 파일을 열어보면, 우리가 사용하는 패키지들과 각 패키지별 버전 정보가 기록되어 있는 것을 확인할 수 있습니다.

```
asgiref==3.3.1
autopep8==1.5.6
dj-database-url==0.5.0
Django==3.1.6
django-cors-headers==3.7.0
django-filter==2.4.0
djangorestframework==3.12.2
gunicorn==20.1.0
Pillow==8.1.2
psycopg2-binary==2.8.6
pycodestyle==2.7.0
pytz==2021.1
sqlparse==0.4.1
toml==0.10.2
whitenoise==5.2.0
django-environ==0.4.5
```

6.5.3 배포를 위한 준비 – settings.py

다음 단계는 프로젝트의 settings.py를 수정하는 작업입니다. 수정해야할 것이 꽤 많으니, 놓치는 내용이 있지 않도록 조심하시기 바랍니다.

```python
# myboard/settings.py
import os
import dj_database_url # 1
import environ # 2
env = environ.Env()
environ.Env.read_env()

# Build paths inside the project like this: os.path.join(BASE_DIR, ...)
BASE_DIR = os.path.dirname(os.path.dirname(os.path.abspath(__file__)))


# Quick-start development settings - unsuitable for production
# See https://docs.djangoproject.com/en/1.11/howto/deployment/checklist/

# SECURITY WARNING: keep the secret key used in production secret!
SECRET_KEY = os.environ['secret_key'] # 2
# SECRET_KEY = '1ad77dx3-hyt3e-7vpmya!1($27tbql!gj*cu@yby2adm(lgvr' # 삭제!!

# SECURITY WARNING: don't run with debug turned on in production!
DEBUG = False

ALLOWED_HOSTS = ['.herokuapp.com', '127.0.0.1']

MIDDLEWARE = [
    'corsheaders.middleware.CorsMiddleware',
    'django.middleware.security.SecurityMiddleware',
    'django.contrib.sessions.middleware.SessionMiddleware',
    'django.middleware.common.CommonMiddleware',
    'django.middleware.csrf.CsrfViewMiddleware',
    'django.contrib.auth.middleware.AuthenticationMiddleware',
    'django.contrib.messages.middleware.MessageMiddleware',
    'django.middleware.clickjacking.XFrameOptionsMiddleware',
    'whitenoise.middleware.WhiteNoiseMiddleware',
]

...


# Database
```

```
# https://docs.djangoproject.com/en/1.11/ref/settings/#databases

DATABASES = {
    'default': {
        'ENGINE': 'django.db.backends.sqlite3',
        'NAME': os.path.join(BASE_DIR, 'db.sqlite3'),
    }
}

db_from_env = dj_database_url.config(conn_max_age=500)
DATABASES['default'].update(db_from_env) # 1
```

먼저 첫 번째로 데이터베이스 관련 설정입니다. 1번의 코드들을 살펴보면 아까 설치했던 패키지인 dj_database_url을 활용해 데이터베이스 관련 설정을 해주는 것을 볼 수 있습니다. 그리고 DATABAS-ES['default']를 수정하여 기본 데이터베이스 설정으로 dj_database_url의 config를 사용하게끔 설정하여 마무리할 수 있습니다.

두 번째는 SECRET_KEY 관련 설정입니다. 우리는 이따가 배포를 위해 게시판 프로젝트를 깃허브에 공개할 예정입니다. 이렇게 공개했을 때 SECRET_KEY도 함께 노출되는데, SECRET_KEY는 인증 관련 기능에서 활용되는 비밀키 값으로 노출되어선 절대 안되는 값입니다. 하지만 우리는 배포를 위해 프로젝트 소스코드를 공개해야 하기 때문에 조금 난감한 상황이 되었습니다.

이를 해결하기 위해 우리는 django_environ 패키지를 설치하였습니다. 우리는 환경변수를 등록하여 거기에 SECRET_KEY를 적어놓고 가져다 쓰게끔 코드를 수정할 것입니다. 2번 코드들을 살펴보면 패키지를 가져와 환경변수를 읽고, os.environ['secret_key']에 저장해둔 SECRET_KEY 값을 가져오게끔 설정한 것을 확인할 수 있습니다. 하지만 우리는 아직 SECRET_KEY 값을 환경변수에 저장하는 작업을 하지 않았습니다. 순서상 일단 settings.py에 관련 설정을 해두고, 이따가 SECRET_KEY를 환경변수에 저장하는 작업을 수행하겠습니다.

그 외 기타 여러 가지 설정을 마치면 됩니다. DEBUG=False로 고쳐 에러에 대한 내용이 나오지 않도록 설정하고, ALLOWED_HOSTS도 '.herokuapp.com'과 '127.0.0.1'으로 설정해 사용 가능한 호스트를 제한합니다. 미들웨어에 whitenoise를 등록해 주면 settings.py에서 수정할 내용은 마무리된 것입니다.

6.5.4 기타 필요한 파일들

Heroku에 배포하기 위해 필요한 파일이 몇 개 있습니다. 이는 Heroku에만 적용되는, Heroku만의 요구사항이라고 이해하면 되겠습니다.

첫 번째는 Procfile입니다. Procfile을 메인 루트 디렉토리(manage.py 옆에)에 생성하여(확장자 없음, 오탈자 주의!) 아래 내용을 작성합니다. 내용 중 myboard 부분은 프로젝트 이름입니다.

```
// Procfile
web: gunicorn myboard.wsgi
```

다음은 runtime.txt로 현 프로젝트의 파이썬 버전을 적는 부분입니다. 혹시 파이썬 버전을 잊었다면 python −V로 확인할 수 있습니다. myvenv 내에서 확인해야 한다는 것을 명심하세요.

```
// runtime.txt, python -V
python-3.9.0
```

다음은 .gitignore 파일입니다. .gitignore 파일은 Heroku에서만 쓰이는 개념이 아닌, git으로 관리하는 모든 프로젝트에 적용되는 개념입니다. 이 파일 내에 적힌 파일이나 폴더는 add, commit, push에 영향을 받지 않습니다. 마치 숨김 파일처럼 되어 push를 해도 외부 저장소에는 올라가지 않고 로컬에만 남아있게 됩니다. myvenv처럼 용량만 크고 올릴 필요는 없는 파일들이나, 올라가면 안 되는 파일들을 여기에 적으면 됩니다. 저는 아래와 같이 설정하여 필요 없는 파일들이 올라가지 않도록 설정했습니다.

```
// .gitignore
__pycache__/
*.py[cod]

.Python
myvenv/

db.sqlite3
.DS_Store

.vscode/
.env ## 이따 생길 파일입니다!
```

6.5.5 Heroku 시작하기

heroku.com 에 들어가면 회원가입을 할 수 있습니다. 여기서 가입하고 로그인하는 것까지 설명하지는 않겠습니다. 로그인을 하고 나면 아래와 같은 대시보드가 나옵니다.

이전에 했던 프로젝트가 있어 대시보드에 이렇게 나오는데, 처음 가입했다면 프로젝트 생성 관련 안내문이 나올 것입니다.

대시보드에서 New를 눌러 새 프로젝트를 시작할 수도 있지만, 우리는 CLI를 활용해, 터미널에서 명령어를 입력하는 방식으로 배포를 진행할 것입니다.

이를 위해서는 heroku cli를 설치해야 합니다. 각 OS별로 설치하는 방법이 다르니 각자의 환경에 맞게 설치하시길 바랍니다.

Mac
터미널을 열어서 다음 명령어를 입력합니다.
$ brew install heroku/brew/heroku

Windows
다음 주소로 들어가서 heroku-cli를 내려받습니다.
https://devcenter.heroku.com/articles/heroku-cli

내려받은 파일을 실행하여 간단히 설치할 수 있습니다.

NOTE

깃과 깃허브 설치 및 가입
다음 단계부터는 깃과 깃허브를 사용할 예정입니다. 깃(Git)과 깃허브(GitHub)에 대해 모든 걸 자세히 설명할 수는 없지만, 간단히 요약하면 깃은 소프트웨어, 깃허브는 깃을 기반으로 하는 서비스입니다. 깃은 소스코드의 버전을 관리하는 도구로, 변경 사항에 대한 기록을 하는 기능을 갖고 있습니다. 깃을 활용하면 소스코드 전체를 복사하여 '최종본', '진짜 최종본'과 같이 관리하지 않아도 버전 간 변경 이력을 남길 수 있어 개발자들의 필수품입니다.

이런 깃과 연동하여 소스코드를 외부에 저장할 수 있는 서비스가 깃허브입니다. 깃허브는 외부 저장소를 지원하여 마치 웹 하드에 올리는 것처럼 우리의 프로젝트 소스코드를 올려놓을 수 있습니다. 뿐만 아니라 깃과 연동이 되기 때문에 깃에서 기록된 변경 이력이 그대로 외부 저장소에 남게 됩니다. 소스코드를 공개하기에도 적합하여 여러 사람들 간 협업을 기대할 수 있습니다. 깃허브 외 빗버켓과 같은 서비스도 있습니다.

깃과 깃허브를 처음 써본다면, 먼저 깃을 설치해야 합니다. 깃은 아래 링크에서 설치할 수 있습니다. 각자 OS별로 설치하면 됩니다.

https://git-scm.com/downloads

GUI 버전을 써도 꽤 편하지만, 그냥 터미널에서 입력하는 방법을 선호하는 사람들도 아주 많이 있습니다. 책에서도 GUI를 사용하지 않고 터미널에서 명령어를 입력해 깃을 사용합니다.

다음은 깃허브 가입입니다. 아래 링크에 들어가 가입을 하세요. 가입은 특별히 어렵지 않습니다.

https://github.com

이제 준비는 다 되었으니 깃의 기본 개념을 알아보겠습니다. 여러 가지 명령어들이 많이 있지만, 주요한 명령어는 크게 3가지입니다.

git add —all (또는 add File) : 어떤 파일들이 변경되었는지 지정하는 과정입니다.
git commit —m "Commit Message" : 현재까지 기록된 변경사항을 하나의 역사로 기록하는 과정입니다. 여기까지 로컬 내에서 일어나는 일입니다.
git push origin master : 내 외부 저장소의 master 브랜치에 커밋(역사)을 올립니다. 이를 통해 변경사항이 외부 저장소에도 반영됩니다.

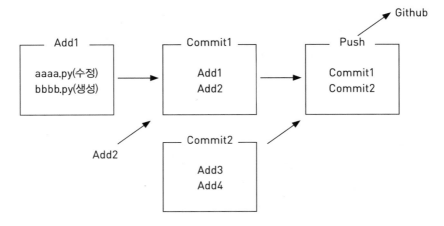

자세한 깃 & 깃허브 사용법은 검색하면 아주 좋은 자료들이 많이 있으니 참고하길 바라며, 여기서 설명한 것들만으로 충분히 다음 작업들을 진행할 수 있습니다.

6.5.6 깃허브 레포지토리에 올리기

설치가 완료되었다면 heroku cli를 실행하기 전 여태까지 작업했던 내용을 깃허브에 올리겠습니다. 그 전에 내 프로젝트 디렉토리에서 아래 명령어를 수행, 깃 폴더로 초기화를 하고 add, commit을 수행합니다.

```
(myvenv) ~/Projects/DRF-Projects/04_MyBoard $ git init
(myvenv) ~/Projects/DRF-Projects/04_MyBoard $ git add --all
(myvenv) ~/Projects/DRF-Projects/04_MyBoard $ git commit -m "Commit message"
```

그리고 깃허브에 들어가 레포지토리를 생성합니다. 아래의 옵션은 하나도 선택하지 않고 각자 원하는 이름의 레포지토리를 생성하면 됩니다.

생성이 완료되면 아래와 같은 화면이 나오고, 가운데에 있는 주소를 복사해놓습니다.

그리고 remote origin에 복사한 주소를 등록하고 push 합니다.

```
(myvenv) ~/Projects/DRF-Projects/04_MyBoard $ git remote add origin https://github.com/TaeB-
bong/MyBoard.git
(myvenv) ~/Projects/DRF-Projects/04_MyBoard $ git push origin master
```

6.5.7 Heroku CLI로 배포하기

이제 설치해둔 heroku cli로 배포를 할 차례입니다. 프로젝트 폴더에서 다음 명령어를 입력합니다.

```
(myvenv) ~/Projects/DRF-Projects/04_MyBoard $ heroku login
```

heroku login 명령어를 입력하면 아무 키를 입력하라는 메시지가 나옵니다.

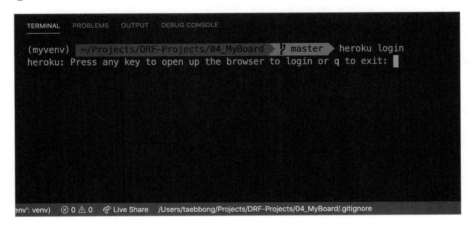

아무 키나 누르면 Heroku 로그인 웹 페이지로 이동하게 됩니다.

웹 페이지에서 로그인을 누르고 터미널로 다시 돌아옵니다. 웹 페이지를 닫아도 상관 없습니다.

이제 Heroku 프로젝트를 생성하겠습니다. 여기서 생성할 프로젝트 제목이 URL, 즉 우리 프로젝트의 주소가 되므로 신중히 결정해야 합니다.

```
(myvenv) ~/Projects/DRF-Projects/04_MyBoard $ heroku create taebbong-myboard
```

나중에 배포가 끝나면 taebbong—myboard.herokuapp.com이 우리 프로젝트의 주소가 되는 것입니다.

다음 단계로는 Heroku 서버에 설정을 몇 가지 하는 것입니다. 여기서 초반부에 설정했던 SECRET_KEY가 나옵니다. 앞서 진행하지 않았던 SECRET_KEY를 환경변수에 저장하는 과정을 지금 수행하면 되겠습니다.

```
(myvenv) ~/Projects/DRF-Projects/04_MyBoard $ heroku config:set secret_key='1ad-
77dx3-hyt3e-7vpmya!1($27tbql!gj*cu@yby2adm(lgvr'
(myvenv) ~/Projects/DRF-Projects/04_MyBoard $ heroku config:get secret_key -s >> .env
```

이 명령어를 수행하면 아까 우리가 .gitignore에서 숨겨놓았던 .env 파일이 생성됩니다. 이를 통해 로컬에서도 .env 파일로부터 SECRET_KEY 값을 불러와 사용하게 되고, 서버에서도 환경변수로부터 이 값을 불러와 사용하게 됩니다. 단 주의할 점은 로컬 내에서는 이 .env 파일을 myboard/ 내에 저장해야한다는 것입니다. 따라서 생성된 .env 파일을 myboard/ 내에 저장합니다. settings.py와 같은 디렉토리에 저장하면 됩니다.

배포 작업을 하다가 수정사항이 생겼다면 언제든 add, commit, push를 수행하세요!

```
(myvenv) ~/Projects/DRF-Projects/04_MyBoard $ git add --all
(myvenv) ~/Projects/DRF-Projects/04_MyBoard $ git commit -m "Commit message"
(myvenv) ~/Projects/DRF-Projects/04_MyBoard $ git push origin master
```

이제 대망의 배포 시간입니다. 지금까지 작업했던 내용을 Heroku에 올리기 위해 아래 명령어를 입력합니다.

```
(myvenv) ~/Projects/DRF-Projects/04_MyBoard $ git push heroku master
```

그러면 아래와 같은 배포 작업이 쭉 진행되면서 결국 배포에 성공하는 것을 볼 수 있습니다.

아직 신나하기엔 이릅니다. Heroku는 우리가 로컬에서 미리 만들어둔 migrations를 받아서 migrate를 수행합니다. 이 때문에 .gitignore에 migrations를 등록하지 않으며, 따라서 로컬에서 makemigrations 작업까지는 전부 수행해야 한다는 것을 명심해야 합니다. 만약 안했었다면 빨리 하고 다시 add, commit, push 그리고 push heroku master를 입력하세요.

```
(myvenv) ~/Projects/DRF-Projects/04_MyBoard $ heroku run python manage.py migrate
```

그러면 위처럼 마이그레이션이 잘 되는 것을 확인할 수 있습니다. 데이터베이스가 새롭게 생겼기 때문에 기존에 입력해둔 데이터나 사용자 정보가 전부 없어졌습니다. 새롭게 관리자 계정을 생성하겠습니다.

Heroku 서버에 명령을 입력하려면 앞에 heroku run을 붙이면 됩니다.

```
(myvenv) ~/Projects/DRF-Projects/04_MyBoard $ heroku run python manage.py createsuperuser
```

관리자 계정이 잘 생성되었고, 브라우저로 접속해 보면 아래와 같이 나타납니다.

/posts/에 접속하면 아래와 같이 나옵니다.

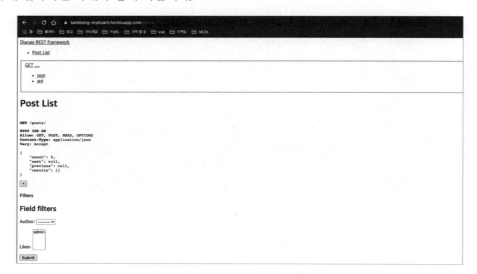

NOTE

만약 이후 배포 시 static file 관련 에러가 난다면 이렇게 설정하세요.
heroku config:set DISABLE_COLLECTSTATIC=1

이제 Insomnia에서 Heroku 서버로 요청을 보내보겠습니다. 먼저 회원가입 요청을 보내보면,

위처럼 회원가입이 잘 되는 것을 볼 수 있습니다. 로그인도 해보겠습니다.

로그인이 잘 수행되었습니다. 로그인한 유저로 게시글을 생성해 보면 다음과 같습니다.

드디어 게시판 프로젝트가 배포까지 잘 도착했습니다. 여기까지 따라오신 분들 모두 고생 많으셨습니다.

6.6 에필로그

게시판 프로젝트가 끝나면서 이제 책에서 다루는 주요 내용은 모두 마무리되었습니다. 우리는 Django의 기초 개념부터 시작하여 예제 프로젝트도 개발했고, DRF 개념까지 공부한 다음 DRF를 활용해 여러 API를 개발해 보았습니다. Django와 DRF는 다른 프레임워크나 도구들보다 훨씬 간단하고 쉽게 좋은 퀄리티의 결과물을 만들 수 있습니다.

Django와 DRF는 초보 개발자들이 개발을 시작하기에 정말 좋은 도구입니다. 지금까지 따라오면서 느끼셨겠지만 Django와 DRF의 가장 큰 장점은 많은 것이 이미 완성되어 있다는 점입니다. 이보다 더 어려운 다른 프레임워크(Spring, Express 등)를 사용해 보면 확실히 느낄 수 있습니다. Django는 이미 작성된 대부분의 내용들을 우리가 커스텀하는 것처럼 개발할 수 있기 때문에 빠른 생산성을 위해서라면 가장 좋은 옵션이라고 할 수 있습니다. 더불어 초보들에게는 전반적인 개발의 흐름을 익힐 수 있어 큰 도움이 됩니다.

Django와 DRF를 통해 웹 백엔드의 개발 흐름에 대해 배웠다면 이제는 더 깊이 공부할 차례입니다. 아무래도 많은 것이 이미 작성된 도구는 내 마음대로 뜯어고치기에 불편합니다. 그에 비해 원시적인 도구들은 내 입맛에 맞출 여지가 정말 많습니다. 아직은 개발을 처음 시작하는 입장이기에 바로 어려운 프레임워크를 쓸 수 없겠지만, Django와 DRF에 어느 정도 익숙해졌다면 자연스레 Django와 DRF에게 아쉬운 부분도 생길 것입니다. 그런 아쉬운 부분들을 다른 도구들로 해소해가는 과정은 어엿한 개발자로 성장하는 자연스러운 흐름입니다. 그 모든 시작에 Django와 DRF가 있었음을 기억하며 앞으로도 즐거운 개발을 이어가시길 바랍니다.

아직 Django와 DRF에 익숙하지 않다고 느낀다면, 개인 프로젝트를 시작해보시는 걸 추천 드립니다. Django는 1인 개발자가 프로젝트 전체를 완성시키기 좋은 도구입니다. 템플릿을 꾸미는 도구만 잘 활용할 수 있다면 백엔드 뿐만 아니라 보여지는 부분까지 잘 완성시킬 수 있습니다. 개인 프로젝트를 구현하고 완성도를 높여가면서 필요한 요소들을 공부하면 충분히 성장할 수 있을 것입니다.

DRF를 공부한다면 해커톤에 나가는 것을 추천합니다. 해커톤에서 프론트엔드 개발자와 함께 개발하면서 프로젝트에 필요한 API 기능을 구현할 수 있습니다. 백엔드 개발자는 프론트엔드 개발자와 함께 일하는 방법을 익혀야 하기 때문에 해커톤과 같은 대회는 분명 좋은 기회가 될 것입니다.

## Chapter 7

그 외 도움되는
여러 내용

7.1 예외 응답 포맷 변경하기

앞에서 배운 기본적인 내용 외에 알아두면 좋을 내용을 소개하겠습니다. 먼저 응답 포맷을 일괄 변경해 주는 좋은 방법을 알아보겠습니다.

7.1.1 기존 예외 처리 방식

기존에는 예외 사항이 발생하였을 때에 대한 특별한 코드를 작성하지 않았습니다. 사실 굳이 우리가 신경쓰지 않아도 DRF의 기본 Response 템플릿이 나름 정돈된 형태로 에러에 대한 응답을 제공했기 때문입니다.

```
{
  "detail": "Some Error"
}
```

하지만 우리가 만들었던 게시판 프로젝트를 돌이켜 생각해 보면, 다 제각각의 방식으로 구현했던 것을 기억할 수 있습니다. 게시글과 댓글에는 Viewset을 사용했고, 회원쪽 기능에서는 generics, 좋아요 기능에는 함수형 뷰를 사용했었습니다.

어떤 뷰를 사용해도 상관 없고 전부 다 좋은 구현법인 것은 맞지만, 여기서의 문제는 응답에 대한 양식이 일관적이지 않다는 점입니다. 응답에 대한 양식이 일관적이지 않으면, 이 응답을 받아 경우에 따라 처리해야 하는 프론트엔드 입장에서는 상당히 불편할 수 있습니다.

이에 이번 내용에서는 예외 경우에 대한 응답 포맷을 커스텀 하는 과정을 알아보겠습니다. 여기에 상태값(status_code)를 응답 본문에 첨부하여 아래와 같은 양식으로 나오도록 처리하겠습니다. 이 단계를 거치면 우리의 API들은 아래와 같이 응답을 하게 될 것입니다.

```
{
  "message": "",
  "results": "",
  "status": false,
  "status_code": 400
}
```

7.1.2 커스텀 예외 핸들러 생성하기

예외 핸들링을 직접 하기 위해서는 커스텀 예외 핸들러를 만들어야 합니다. 이에 대한 코드는 아래와 같고, 대부분의 내용은 공식 문서에 나온 내용을 그대로 옮긴 것이기 때문에 "이걸 어떻게 직접 만들지?"라고 걱정하실 필요는 없습니다. 각 코드가 어떤 역할을 하는지 정도만 이해를 하고 넘어가겠습니다.

```python
# myboard/custom_exception_handler.py
from rest_framework.views import exception_handler
from django.http import JsonResponse

def get_response(message="", result={}, status=False, status_code=200):
    return {
        "message" : message,
        "result" : result,
        "status" : status,
        "status_code" : status_code,
    }

def get_error_message(error_dict):
    field = next(iter(error_dict))
    response = error_dict[next(iter(error_dict))]
    if isinstance(response, dict):
        response = get_error_message(response)
    elif isinstance(response, list):
        response_message = response[0]
        if isinstance(response_message, dict):
            response = get_error_message(response_message)
        else:
            response = response[0]
    return response

def handle_exception(exc, context):
    error_response = exception_handler(exc, context)
    if error_response is not None:
        error = error_response.data

        if isinstance(error, list) and error:
            if isinstance(error[0], dict):
                error_response.data = get_response(
                    message=get_error_message(error),
                    status_code=error_response.status_code,
```

```python
            )
        elif isinstance(error[0], str):
            error_response.data = get_response(
                message=error[0],
                status_code=error_response.status_code
            )

    if isinstance(error, dict):
        error_response.data = get_response(
            message=get_error_message(error),
            status_code=error_response.status_code
        )
    return error_response

class ExceptionMiddleware(object):
    def __init__(self, get_response):
        self.get_response = get_response

    def __call__(self, request):

        response = self.get_response(request)

        if response.status_code == 500:
            response = get_response(
                message="Internal server error, please try again later",
                status_code=response.status_code
            )
            return JsonResponse(response, status=response['status_code'])

        if response.status_code == 404 and "Page not found" in str(response.content):
            response = get_response(
                message="Page not found, invalid url",
                status_code=response.status_code
            )
            return JsonResponse(response, status=response['status_code'])

        return response
```

코드가 복잡해 보이지만 사실 내용이 특별한 것은 아닙니다. 우선 get_response() 함수를 살펴보면, 이는 그저 인자들을 받아 양식에 맞춰 반환하는 기능을 하는 함수입니다.

get_error_message()나 handle_exception() 함수는 원래 응답을 잘 파싱하여, 우리가 원하는 정보(상태값, 에러 메시지 등)를 가공해 내는 작업을 합니다. 쉽게 말해 이 함수들은 우리의 응답 양식을 채우기 위해 응답 데이터를 사용하기 좋게 잘라내는 일을 한다고 할 수 있겠습니다.

그리고 ExceptionMiddleware는 우리가 처음 직접 만든 미들웨어입니다. 이를 통해 우리 프로젝트에서 어떤 에러 사항에 대한 응답을 처리할 때 우리가 만든 함수들을 활용하는 ExceptionMiddleware를 통해 처리되도록 할 수 있습니다.

7.1.3 settings.py 설정하기

```python
# myboard/settings.py
MIDDLEWARE = [
    'myboard.custom_exception_handler.ExceptionMiddleware',
]

REST_FRAMEWORK = {
    'EXCEPTION_HANDLER': 'myboard.custom_exception_handler.handle_exception',
}
```

7.1.4 응답 확인해 보기

실행을 한 후에 의도적으로 에러를 발생시켜 보겠습니다. 먼저 비밀번호 재입력이 일치하지 않는 경우입니다.

우리가 의도한 대로 양식에 맞춰 잘 나타나는 것을 볼 수 있습니다. 다음 경우는 중복 이메일의 경우입니다.

역시 잘 나오는 것을 볼 수 있습니다. 이를 통해 보다 더 직관적이고 규격화된 에러 응답을 처리할 수 있습니다.

7.2 DRF TDD 맛보기

Test Driven Development[TDD]에 대해 간단히 알아보겠습니다.

7.2.1 TDD

TDD라는 용어는 개발 일을 계속하다 보면 꼭 듣게 되는 말입니다. Test Driven Development, 테스트 주도 하 개발이라는 뜻의 TDD는 개발에 있어 그 진행을 담당하는 주체를 테스트에 두고 있습니다. 여기서 테스트라는 것에는 종류가 여러 가지 있는데, 소프트웨어 개발 방법론의 내용이 워낙 방대하여 자세하게 다 다루지는 못합니다. 우리가 지금부터 진행할 TDD에서의 테스트는 Unit Test(단위 테스트) 로, 함수 단위로 해당 함수가 잘 작동하는지 확인하는 테스트입니다.

TDD 기법의 프로세스를 요약하면 아래와 같습니다.

> 1) 구현하려는 기능에 대한 테스트 코드를 작성한다.
> 2) 테스트를 실행시키고, 기능이 없으니 실패한다.
> 3) 테스트를 통과할 수 있는 최소한의 기능을 구현한다.
> 4) 테스트를 실행시키고, 통과시키면 코드를 정리한다.
> 5) 모든 기능을 구현할 때까지 이를 반복한다.

주요한 개념은 기능을 구현하기에 앞서 해당 기능에 대한 테스트 코드를 먼저 작성한다는 점입니다. 그리고 기능을 구현하는 것은 오직 테스트를 통과하는 것에만 집중해 진행합니다. 더도 말고 덜도 말고 딱 테스트를 통과할 만큼의 기능 코드가 완성되면, 해당 코드를 적당히 깔끔하게 잘 정리하여 해당 기능에 대한 구현을 마무리합니다.

처음에는 이런 작업들이 상당히 귀찮고, 의미 없다고 느낄 수도 있겠습니다. 하지만 적어도 기능별로 충분히 검증된 코드를 작성하는 것은 안정적인 서비스를 만드는 데 필요한 첫 단계입니다. 현업에서 TDD를 적용하는 것이 사치라고 하는 경우도 많이 있지만, 그럼에도 많은 서비스 개발팀에서 적용하고 있는 방법론인 만큼 알아두면 분명 도움이 될 것이라 생각됩니다.

7.2.2 TDD로 작은 프로젝트 시작하기

앞서 DRF를 연습할 때 구현했던 도서 정보 API를 TDD로 다시 구현해 보겠습니다. 아예 새로운 프로젝트를 하나 생성해서 진행하겠습니다. 프로젝트 생성과정 소개는 생략하겠습니다. 책에서는 프로젝트 명을 mytdd, 앱 이름을 api로 설정하여 생성했습니다.

이제 여기서 TDD의 흐름대로 프로젝트를 진행해 보겠습니다. 먼저 모델 테스트입니다.

```python
# api/tests.py
from django.test import TestCase
from .models import Book


class ModelTest(TestCase):
    def setUp(self):
        self.book_title = "My Book"
        self.book_author = "TaeBbong"
        self.book = Book(title=self.book_title, author=self.book_author)

    def test_model_can_create_a_bucketlist(self):
        old_count = Book.objects.count()
        self.book.save()
```

```
        new_count = Book.objects.count()
        self.assertNotEqual(old_count, new_count)
```

아직 모델을 만들지 않았지만, TDD의 방법에 따라 일단 테스트부터 작성했습니다. 테스트 코드는 api/test.py 내에 작성하면 되며, 우리는 책 제목(title)과 저자(author)만을 필드로 갖고 있는 모델이라 생각하고 테스트 케이스를 작성하였습니다. 그리고 생성이 잘 되는가에 대한 테스트 코드로 생성 전후의 데이터 수를 비교하여 같은지 다른지 비교하는 코드를 작성했습니다. 여기서 assertNotEqual, 또는 assertEqual은 일종의 조건문입니다. 이 조건을 통과하지 못하면 에러가 발생하겠다는 일종의 경비 장치인 셈입니다. 테스트를 동작시키는 것은 python manage.py test 명령어로 가능합니다. 당연히 에러가 발생할 것입니다.

```
$ python manage.py test
```

모델, 데이터베이스 파일 등 아무것도 만든 것이 없기 때문입니다. 이제 위의 테스트 코드를 통과할 수 있는 모델을 작성해 보겠습니다.

```
# api/models.py
from django.db import models


class Book(models.Model):
    title = models.CharField(max_length=128)
    author = models.CharField(max_length=128)
```

정말 딱 title, author만 포함하는 모델입니다. 이 모델을 마이그레이션하고 다시 테스트를 실행하겠습니다.

```
$ python manage.py makemigrations
$ python manage.py migrate
$ python manage.py test
```

테스트 케이스에 대해 성공했다는 메시지를 볼 수 있습니다! 이 메시지를 보면 이제 다음 단계로 넘어갈 수 있습니다.

다음은 뷰 테스트입니다. 역시 테스트 코드 먼저 작성합니다.

```python
# api/tests.py
from django.test import TestCase
from .models import Book

from rest_framework.test import APIClient
from rest_framework import status


class ModelTest(TestCase):
    def setUp(self):
        self.book_title = "My Book"
        self.book_author = "TaeBbong"
        self.book = Book(title=self.book_title, author=self.book_author)

    def test_model_can_create_a_bucketlist(self):
        old_count = Book.objects.count()
        self.book.save()
        new_count = Book.objects.count()
        self.assertNotEqual(old_count, new_count)

class ViewTest(TestCase):
```

```
    def setUp(self):
        self.client = APIClient()
        self.book_data = {'title': 'My Book 2', 'author': 'TaeBbong'}
        self.response = self.client.post('/api/books/',
                                            self.book_data,
                                            format="json")

    def test_api_can_create_a_book(self):
        self.assertEqual(self.response.status_code, status.HTTP_201_CREATED)
```

이번에 개발할 내용은 도서 데이터를 CREATE하는 API입니다. 따라서 API 테스트를 위한 APICli-ent()를 불러오고, self.client.post()를 통해 우리 API로 요청을 보내는 테스트 코드를 작성할 수 있습니다. 여기에 작성되는 주소가 우리 API의 주소가 될 것이고, 데이터는 JSON 형태로 넣었습니다.

테스트 코드는 assertEqual() 함수로, self.response.status_code 값이 201(CREATED)인지 확인하고 있습니다. 이것이 일치하면 테스트를 통과할 것이고, 아니면 통과하지 않을 것입니다. 테스트를 실행시키면 역시 아무것도 없기 때문에 에러가 발생합니다.

그럼 이제 시리얼라이저와 뷰를 작성하고 URL을 연결하겠습니다. 우리는 오직 CREATE만 동작하는 API를 만들 생각이기 때문에 generics.CreateAPIView를 사용할 것이고, 나머지는 앞서 배웠던 범위에서 벗어나지 않는 내용입니다.

```python
# api/serializers.py
from rest_framework import serializers
from .models import Book


class BookSerializer(serializers.ModelSerializer):
    class Meta:
        model = Book
        fields = ('id', 'title', 'author')
# api/views.py
from rest_framework import generics
from .serializers import BookSerializer
from .models import Book


class CreateView(generics.CreateAPIView):
    queryset = Book.objects.all()
    serializer_class = BookSerializer

    def perform_create(self, serializer):
        serializer.save()
# api/urls.py
from django.urls import path
from .views import CreateView

urlpatterns = [
    path('books/', CreateView.as_view()),
]
# mytdd/urls.py
from django.urls import path, include
from django.contrib import admin

urlpatterns = [
    path('admin/', admin.site.urls),
    path('api/', include('api.urls'))
]
```

이제 테스트를 실행시키면 다음과 같이 테스트가 잘 통과하는 것을 확인할 수 있습니다.

인증 관련 테스트나 테스트 케이스를 다양하게 만드는 것이 TDD의 묘미이지만, TDD를 살짝 맛보는 정도로 이번 내용은 마치겠습니다. 적어도 여기까지의 경험으로 알 수 있는 점은 Django는 TDD 또한 편하게 작성할 수 있도록 되어 있다는 점, 그리고 무엇보다 중요한 점은 TDD는 테스트 코드를 작성하여 우리의 코드가 자동으로 생성되거나 작성하는 것에 도움을 직접적으로 주기보다는, 절차 하나하나를 꼼꼼히 살펴보고 놓치는 조건이나 예외 사항이 있는지 생각하고 코드를 작성할 수 있게끔 도와주는 도구라는 점입니다. TDD가 무언가 엄청난 걸 해주는 게 아닙니다. 그저 하나의 개발 방법론일 뿐이고, 적어도 꼼꼼히 확인하며 진행하기에 이만큼 적합한 방법론은 없어보입니다.

7.3 drf_yasg로 API 문서화하기

패키지를 활용해 API 문서화를 자동화해 보겠습니다.

7.3.1 문서화의 필요성

모든 개발의 목적은 누군가가 편하게 쓰게 하기 위함에 있다고 생각합니다. 우리가 열심히 만든 API를 아무도 쓰지 않는다면 참 안타까울 것 같습니다. 같이 일하는 프론트엔드 개발자는 우리의 API를 쓰겠지만, 만약 설명이 불친절해 쓰기 불편하다면 우리는 좋은 개발자라고 할 수 없겠죠? 개발자 간 소통을 하기 위해서, 내가 만든 결과물에 대한 설명은 필수적이며, 우리 백엔드 개발자들에게는 API라는 결과물에 대한 API 문서가 필요합니다.

하지만 문서를 만드는 경험을 해본 적 있는 분들이라면 이 작업이 아주아주 귀찮다는 것을 알 것입니다. 하물며 읽기 좋은 문서를 만드는 것은 정말 어려운 일입니다.

다행히 이런 고충을 많은 사람들이 공감하여 API 문서화를 자동으로 도와주는 Swagger라는 도구가 있었고, 이것이 발전된 형태가 drf_yasg입니다. 이것을 활용하면 우리의 API의 각 endpoint별로 주소, 요청 메소드, 입력해야 하는 데이터와 각 데이터별 타입, 그리고 응답 양식까지 한 번에 정리해둔 문서를 손쉽게 생성할 수 있습니다. 한 번 간단히 적용시켜보도록 하겠습니다.

7.3.2 drf_yasg 패키지 적용하기

우선 패키지를 설치합니다. drf-yasg 패키지를 설치하면 됩니다.

```
(myvenv) ~/Projects/DRF-Projects/04_MyBoard $ pip install drf-yasg
```

다음으로는 settings.py의 INSTALLED_APPS에 drf_yasg를 등록합니다.

```python
# myboard/settings.py
INSTALLED_APPS = [
    'django.contrib.admin',
    'django.contrib.auth',
    'django.contrib.contenttypes',
    'django.contrib.sessions',
    'django.contrib.messages',
    'django.contrib.staticfiles',
    'rest_framework',
    'rest_framework.authtoken',
    'users',
    'corsheaders',
    'posts',
    'django_filters',
    'drf_yasg',
]
```

놀랍게도 마지막 단계입니다. 프로젝트의 urls.py에서 문서에 대한 url을 설정해 주면 됩니다. 이 부분은 공통적인 부분이기 때문에 특별히 이해하거나 직접 작성할 필요 없이 아래 내용을 복사하여 작성하면 됩니다.

```
# myboard/urls.py
from django.urls import path, include, re_path
from django.contrib import admin

from django.conf import settings
from django.conf.urls.static import static

from rest_framework import permissions
from drf_yasg.views import get_schema_view
from drf_yasg import openapi

schema_view = get_schema_view(
    openapi.Info(
        title="게시판 API",
        default_version="v1",
        description="게시판 API 문서",
    ),
    public=True,
    permission_classes=(permissions.AllowAny,),
)

urlpatterns = [
    path('admin/', admin.site.urls),
    path('users/', include('users.urls')),
    path('', include('posts.urls')),
] + static(settings.MEDIA_URL, document_root=settings.MEDIA_ROOT)


urlpatterns += [
    re_path(r'^swagger(?P<format>\.json|\.yaml)$',
            schema_view.without_ui(cache_timeout=0), name="schema-json"),
    re_path(r'^swagger/$', schema_view.with_ui('swagger',
            cache_timeout=0), name='schema-swagger-ui'),
    re_path(r'^redoc/$', schema_view.with_ui('redoc',
            cache_timeout=0), name='schema-redoc'),
]
```

이제 프로젝트를 실행하고 결과물을 확인하겠습니다. 127.0.0.1:8000/swagger/로 들어가면 다음과 같은 화면을 볼 수 있습니다.

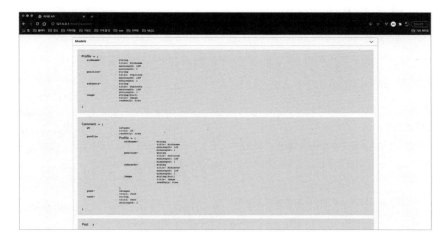

각 요청별 내용도 볼 수 있고, 이렇게 각 모델별 설명도 볼 수 있습니다.

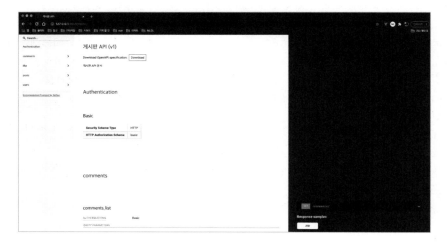

127.0.0.1:8000/redoc/에 들어가면 비슷한듯 다른 디자인의 문서를 확인할 수 있습니다.

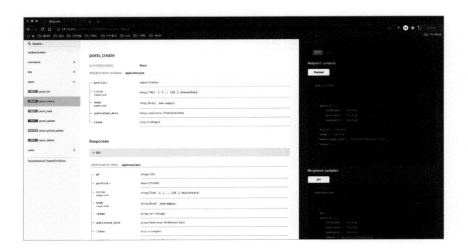

7.3.3 필드에 설명 붙이기

다 괜찮은데 필드별 설명이 부족해 보입니다. 누군가 이 문서를 봤을 때 필드에 대한 설명이 잘 작성되어 있으면 좋을 것 같네요. 필드마다 설명을 붙이려면 시리얼라이저에 설명을 추가하면 됩니다. help_text라는 것을 활용해서 말이죠.

```python
# users/serializers.py
from django.contrib.auth.models import User          # User 모델
from django.contrib.auth.password_validation import validate_password
                                                     # Django의 기본 패스워드 검증 도구
from django.contrib.auth import authenticate

from rest_framework import serializers
from rest_framework.authtoken.models import Token     # Token 모델
from rest_framework.validators import UniqueValidator # 이메일 중복 방지를 위한 검증 도구

from .models import Profile


class RegisterSerializer(serializers.ModelSerializer):
    email = serializers.EmailField(
        help_text="이메일(Unique)",
        required=True,
        validators=[UniqueValidator(queryset=User.objects.all())],
    )
    password = serializers.CharField(
```

```python
            help_text="비밀번호",
            write_only=True,
            required=True,
            validators=[validate_password],
        )
    password2 = serializers.CharField(
        help_text="비밀번호 재입력", write_only=True, required=True,)

    class Meta:
        model = User
        fields = ('username', 'password', 'password2', 'email')

    def validate(self, data):
        if data['password'] != data['password2']:
            raise serializers.ValidationError(
                {"password": "Password fields didn't match."})

        return data

    def create(self, validated_data):
        user = User.objects.create_user(
            username=validated_data['username'],
            email=validated_data['email'],
        )

        user.set_password(validated_data['password'])
        user.save()
        token = Token.objects.create(user=user)
        return user


class LoginSerializer(serializers.Serializer):
    username = serializers.CharField(required=True)
    password = serializers.CharField(required=True, write_only=True)

    def validate(self, data):
        user = authenticate(**data)
        if user:
            token = Token.objects.get(user=user)
            return token
        raise serializers.ValidationError(
            {"error": "Unable to log in with provided credentials."})
```

```python
class ProfileSerializer(serializers.ModelSerializer):
    class Meta:
        model = Profile
        fields = ("nickname", "position", "subjects", "image")
```

이렇게 RegisterSerializer에 help_text를 넣어 수정한 다음 다시 실행해 보면 아래와 같이 설명이 잘 적용된 것을 확인할 수 있습니다.

이처럼 어느 정도 수동적으로 설명을 덧붙이면 훨씬 좋은 문서가 될 수 있습니다. 이와 같이 조금은 직접 작업해야 하는 내용들이 있지만, 자동으로 이만큼이나 만들어 줄 수 있다는 것이 API 문서 자동화 도구 drf_yasg의 힘입니다.

백엔드를 위한
DJANGO
REST FRAMEWORK
with 파이썬

1판 1쇄 발행   2022년 5월 20일
1판 2쇄 발행   2023년 2월 20일

저   자 | 권태형
발 행 인 | 김길수
발 행 처 | ㈜영진닷컴
주   소 | (우)08507 서울 금천구 가산디지털1로 128
                STX-V타워 4층 401호
등   록 | 2007. 4. 27. 제16-4189호

©2022., 2023. ㈜영진닷컴

ISBN | 978-89-314-6619-5

YoungJin.com **Y.**
영진닷컴

영진닷컴
프로그래밍 도서

영진닷컴에서 출간된 프로그래밍 분야의 다양한 도서들을 소개합니다.
파이썬, 인공지능, 알고리즘, 안드로이드 앱 제작, 개발 관련 도서 등 초보자를 위한 입문서부터
활용도 높은 고급서까지 독자 여러분께 도움이 될만한 다양한 분야, 난이도의 도서들이 있습니다.

플러터
프로젝트

시모네 알레산드리아 저
520쪽 | 30,000원

Node.js
디자인 패턴 바이블

Mario Casciaro,
Luciano Mammino 저 | 668쪽
32,000원

나쁜 프로그래밍
습관

칼 비처 저 | 256쪽
18,000원

다재다능
코틀린 프로그래밍

벤컷 수브라마니암 저/
우민식 역 | 488쪽
30,000원

유니티를 이용한
VR앱 개발

코노 노부히로, 마츠시마 히로키,
오오시마 타케나오 저 | 452쪽
32,000원

유니티를 몰라도 만들 수 있는
유니티 2D 게임 제작

Martin Erwig 저 | 336쪽
18,000원

돈 되는
안드로이드 앱 만들기

조상철 저 | 512쪽 | 29,000원

친절한 R with
스포츠 데이터

황규인 저 | 416쪽
26,000원

게임으로 배우는
파이썬

다나카 겐이치로 저 | 288쪽
17,000원

바닥부터 배우는
강화 학습

노승은 저 | 304쪽
22,000원

도커 실전 가이드

사쿠라이 요이치로,
무라사키 다이스케 저
352쪽 | 24,000원

단숨에 배우는
타입스크립트

야코프 페인, 안톤 모이세예프 저/
이수진 역 | 536쪽 | 32,000원